児美川孝一郎
Komikawa
Koichiro

まず教育論から変えよう

5つの論争にみる、
教育語りの落とし穴

道徳教育

ゆとり教育

エリート教育

キャリア教育

大学改革

なぜ、人は教育について語りたがるのか？
りの罠にはまってしまうのか？　なぜ、道徳教育は腫れ物なのか？
はなく道徳の時間だったのか？　振興派は愛国心教育の復活をねら
子どもの道徳意識や規範意識が低下したという認識はほんとうに
推進・強化の盛り上がりは、だれのため　なぜ、ゆ
なるものが導入されたのか？　ゆとり教育にたいする評価が、これほ
高下するとは、いったいどういうことなのか？　確かな学力路線は一人
ているといえるのだろうか？　なぜ、エリート教育は、戦後日本におけ
のか？　経済界にとっていかなる危機感が　だれを
エリート教育を行なうのか？　そもそもキャリア教育とはなんなのか？
とどこが違うのか？　なぜ、二〇〇〇年代になって急に、キャリア教育
ることになったのか？　キャリア教育で、子どもたちの意識や行動に変
か？　大学はなぜ、ここまで膨張したのか？　大学改革が急ピッチに
はなぜか？　そもそも大学生の就職難はなぜ生じたのか？　この十年
大学の機能別分化は進んだのか？　大学人は提言の意味を理解し

太郎次郎社エディタス

まず教育論から変えよう

5つの論争にみる、教育語りの落とし穴

目次

▼第1章▲ 腫れ物としての道徳教育

▼第3章▲ タブーとしてのエリート教育

▼第4章▲ キャリア教育になにが期待できるか

▼第5章▲ だれのための**大学改革**なのか？……215

序章

教育語り、この「神々の争い」

1◈教育の語られ方、五つのパターン

「一億総教育評論家」社会の光と影

よくいわれることだが、教育にかんしては、だれもが評論家になれる。家庭内でのなにげない語らいからはじまって、近所のママ友との会話、さらには赤ら顔のオヤジたちによる居酒屋談義まで。テレビをつけてみれば、各種のバラエティ番組から政治家による討論番組まで。あるいは、インターネット上では、ツイッターなどでの小さなつぶやきから、それなりの体裁を整えた個人ブログに至るまで。とにかく、世の中には教育論が充満している。

べつに教育の専門家でもなければ、教育研究について特別な訓練を受けたわけでもない人でも、こと教育にかんしては、いっぱしの評論家ぶって語ることができるし、実際に語ってもいる。それは、なぜなのか。

端的に言ってしまえば、だれもが、みずからが教育を受けた経験をもっているからだ。家庭内のしつけや教育、学校教育、社会教育（生涯学習）、企業内での研修や教育訓練——これらからまったく無縁で、経験したことがないという者は、おそらくいまい。だから、みんな、教育について語ることができる。このあたりの事情は、だれもが恋愛について語り、だれもが仕事について

語るのと同じだ。
ただ、だれもが教育について「語ることができる」ということと、だれもが（多くの人が）教育について「語りたがる」ということは、同じではない。では、なぜ、人は教育について語りたがるのか。この問いは、真剣に考えるに値するものだと思うのだが、もう少し待ってほしい。あとでふれることにしたい。

ところで、僕もまた教育について語っている。この本のテーマも、まさに教育以外のなにものでもない。ただ、僕が教育について語るのには、言ってしまうと身も蓋もない理由がある。それは、僕が教育学を専門とする研究者だからだ。教育について研究し、考察し、いくばくかの知見を得、それを語ることを生業としているからである。

では、そうした教育研究を担う者の目線から、この社会が「一億総教育評論家」状況になっていることがどう見えるのかというと、それがじつは、なかなかビミョーなのだわ。

一方で、世の中の多くの人が、教育に関心をもち、教育についての意見を表明してくれるのは、きわめてありがたいことである。僕の個人的な性格かもしれないけれど、だれも興味をもってくれないようなテーマの研究なんて、あまりやりたいとは思わないし、逆に、自分が発信したことに、すぐに応答が返ってくるような研究に従事することは、すこぶる気もちがいい。それに、（これは「企業秘密」かもしれないが）僕自身が研究を進めるさい、専門家集団である研究仲間から学んだり、刺激を受けたりすることも多いが、じつは、そうではない「一億総教育評論家」のかたがたの意見や発信から、思いもよらぬヒントを得たり、気づきを与えられたりといったことも少なくない。その意味では、ありがたい社会である。

しかし、他方で、世間に流布している「教育語り」をじっと聞いていると、どうにもいたたまれないというか、やるせない気分に襲われることも少なくない。いや、少なくないどころか、かなり多い。「そんな主張、いったいどこに根拠があるの?」「そんなウルトラ個人的な信念を吐露されても、困るんですけど」と、思わずツッコミを入れたくなるような言説が少なくないわけだ。だいたい(誤解を含んでいるかもしれないが)政治家といわれる人たちの発言や、先鋭な活動家のかたがたの発言には、この手のタイプが多いような気がする。教育研究に携わっている者としては、この種の教育語りを聞かさせるたびに、なかば憤りの念を覚え、なかば諦めの境地で、密かにこの世を恨むわけである。

とはいえ、「一億総教育評論家」社会における教育語りの饗宴《きょうえん》を、教育研究の専門家たちがどう思っているかなどということは、じつはどうでもいい話である。研究者である僕らだって、こういう社会の状況の「恩恵」に少しはあずかっているのだから、恩恵以外の少々のことには、耳を塞いでじっと我慢していればいい。それだけのことだ。

ただし、なのだ。ここで視点を変えよう。教育研究者の心境などはどうでもいいとしても、この国で「一億総教育評論家」社会が実現し、日常的に「教育語り」が充満しているという事態は、そもそもこの国の「教育」にとって幸福なことなのか。

じつは、かならずしもそうとは言えないのではないか、むしろ弊害のほうが多いのではないか、と僕は考えている。そして、それが、この本を書こうと思った動機になっている。

語られ方①——個人的な体験の一般化

この国における豊饒《ほうじょう》な「教育語り」が、じつは「教育」にたいしてよい影響を与えているわけではないと判断する理由を、これから書いていく。だが、まずはそのまえに、この国の「教育語り」にみられる顕著な特徴を確認しておこう。言ってみれば、人びとが教育について語るさい、本人が意識しているかどうかは別として、慣習的に馴染んでいる（あるいは、したがってしまいがちな）語りの「生成文法」のようなものだ。

一つめに、教育についての語りが、その人の個人的な体験や経験を根拠としていて、それが一般化できるものなのか否かについては、あまり配慮が払われないということがある。たとえば、こんな感じだ（わかりやすくするために、少々戯画的に書いてみる。だから、「そんなヤツ、いねえよ」というツッコミは、なるべくご遠慮いただきたい）。

中・高のときの部活の監督からは、数えきれないくらい怒鳴られたし、殴られたことだってある。でも、冷静に考えると、そういうときは、自分の気もちが入ってないときだったり、殴られてもしかたのないプレーをしてしまったときだった。あれは愛のムチだから、体罰なんかじゃない。むしろ、自分のために愛情をもって殴ってくれたと思ってる。だから、体罰を全面否定するマスコミや教育評論家の議論は間違ってるよ。本当は、認められてよい体罰と、そうではない体罰がちゃんと区別されないといけないんだ。

まあ、こんな感じだ(笑)。

そもそも体罰は、もう半世紀以上もまえから、法律で明確に禁止されている。そして、なにが体罰に該当するのかについても、文部科学省による基準が明示されている(初等中等教育局長通知「問題行動を起こす児童生徒に対する指導について(通知)」二〇〇七年二月五日)。

学校教育法第十一条

校長及び教員は、教育上必要があると認めるときは、文部科学大臣の定めるところにより、児童、生徒及び学生に懲戒を加えることができる。ただし、体罰を加えることはできない。(傍点は、筆者)

この意味で言えば、上記のような体罰語りをしているAさん(と仮に呼んでおく)は、みずからの個人的な経験と、そこに淵源するらしいプライベートな信条にもとづいて、パブリックなルールである法律を否定していることになる。ただまあ、Aさんは学校教育法の条文などは知らない可能性も高いわけで、この点は、これ以上深追いしないことにしよう。

注目したいのは、このAさんの体罰語りがまさにそうであるように、世の中の「教育語り」は、みずからの体験や経験を唯一絶対の根拠として、しかも、それを一般化してしまうという〝落とし穴〟にはまりがちだということである。ようするに、個人的な経験（でしかないもの）を、容易に一般論にスライドさせてしまうのである。

もちろん、部活の指導者による暴力（言い方がキツければ、「有形力の行使」としてもよい）を「体罰」とは感じなかったという体験は、Aさんにとっては真実である。Aさんの回想には、嘘やごまかしが含まれているといったことも、おそらくない。しかし、それはどう考えても、Aさんにとっての主観的真実なのであって、BさんにもCさんにも当てはまるとは限らない。だから、安易な一般化は許されない。実際、Aさんと同じ部活動をやっていたチームメートのなかにだって、指導者による体罰を忌み嫌っていた人がいたかもしれないわけだ。

まあ、一事が万事なので、このへんでやめておこう。個人の体験は、きわめて限定されている。それは、時間と空間と、その体験を解釈し、意味づける当の個人の主観にピン止めされている。それなのに、時代を越えて、地域的な限定を越えて、あたかもそれがだれにでも当てはまることであるかのように言ってしまう――「教育語り」には、こんな〝罠《わな》〟が潜んでいる。

なぜ、少なくない人たちが、そんな罠にはまってしまうのか。それは、個々人の教育体験が、それなりに濃厚で、ノスタルジーを呼び起こしやすいからだ。つまり、ノスタルジーとともに経験を語ることが、その経験を実際以上のものとして感じさせ、個人の優越感をくすぐるのである。

語られ方②——行為ではなく、人物評価

僕たちの社会における「教育語り」の特徴の二つめは、意見の矛先が、教育にかかわる「行為」ではなくて、それを行なった「人物」（場合によっては、人格）に向けられがちであるということがある。たとえば、

・小学一年生にたいして、毎日毎日、こんなにたくさんの宿題を出すなんて、子どもたちがかわいそうだ。あの先生は、どうかしてる。

・新担任となる予定の教師なのに、わが子の入学式に出席するために、自分の勤務校の入学式を欠席するなんてありえない。教師失格だ。

こんな主張が考えられる。

どちらも、小一にたくさんの宿題を課すという「行為」が正当なものであるのかどうか、勤務校の入学式を欠席するという「行為」が認められるものなのかどうか、が議論されるのであれば、よくわかる。前者であれば、子どもの発達段階や宿題の中身、宿題を課す理由、教師のがわの教育的なねらいや意図などに即して、教師の行なった「行為」の是非が、冷静に客観的に判断され

ればよい。後者であれば、欠勤に至るまでの手続き、管理職の判断、入学式当日のカバーの体制などをふまえたうえで、これまた教師の「行為」の是非が、冷静沈着に議論されればよい。

にもかかわらず、この国の「教育語り」の風土においては、本来は「行為」の次元で冷静に議論されるべきことがらが、容易にその次元を越境して、「人物」評価へとスライドしてしまう。そうなると、そうした行為を行なった「人物」にたいする好悪のような感情論も、そこに付随することになってしまう。

実際、後者にあげた事例は、二〇一四年四月に現実に起きた「事件」である。これが報道されるやいなや、マスコミの報道からネット上の掲示板やツイッター、SNSに至るまで、入学式欠席という「行為」よりも、欠席をした教師の「人物（人格）」に照準を当てたような反応が、日本中を渦巻いたことは記憶に新しい。ちなみに、テレビにも引っぱりだこの著名な教育評論家のブログでも、この問題がとり上げられ、最後はこう締めくくられていた。

「教育公務員としてのプライドはないのでしょうか」

僕からすれば、「えっ、そういう問題なんですか？」と本気で聞いてみたくもなるのだが。

いずれにしても、この問題は、日本では本来の意味での議論や討論が成立しにくい――つまり、ある人の意見に反論したり、反対意見を述べたりすると、それが、あたかも相手の人格まで否定しているかのように受けとられてしまう、という困った事情があることと相通じている。そうした意味で、問題の根はけっして浅くはないのだが、ともかくも、とかく教育論というものが、感情論を付随させた人物評価へとスライドしがちであるという点については、じゅうぶんに意識的である必要があろう。

語られ方③——ホンネとタテマエの使い分け

三つめには、言わずと知れた、「教育語り」におけるホンネとタテマエの使い分けということがある。これには、多くの説明は要しまい。

△△新聞社は、本体の「△△新聞」紙面では、受験競争の過熱を憂慮し、グローバル化する「知識基盤社会」への対応という点から、暗記を軸とするような時代遅れの受験勉強に奔走することの弊害を説く。しかし、同社の「週刊△△」では、有名大学への高校別合格者数ランキングが掲載されていたりする。おまけに、同社系のニュース週刊誌やムック本では、どう考えても、世の中のお受験や中学受験ブームを推奨している（煽っている）としか思えないような記事も並んでいる。

ざっと、こんなところか。

これは、組織（新聞社）について言っているので、ホンネとタテマエにあたるものは、媒体によって使い分けられている。これが個人になると、ホンネとタテマエは、場面と相手に応じて使い分けられるか、表向きの発言（タテマエ）と実際の行動（ホンネ）の違いへと分裂する。たとえば、したり顔で受験競争の弊害を説く人が、自分の子どもだけは、ちゃっかり有名私立小学校に通わせているとか。あるいは、「学校ではだれとでも仲よくするのよ」と言っている母親が、クラスにいる外国籍の子どもとだけは、あまりかかわりをもたないようにと、わが子を諭しているといったことだ。

見方を変えれば、このホンネとタテマエの使い分けは、教育や教育政策について語る政治家が、常套的に用いる発言の語法かもしれない。「五年後までには、〇〇を実現します」というあれだ。この発言の主は、ホンネのところでは、それが実現可能であるとは考えていない場合も少なくない。しかし、政治的なプレゼンスとして効果的なのは、タテマエを躊躇なく言いきることにほかならない。そして、そのタテマエは、タテマエであるだけに、なかなか反論がしにくいという構図になっている。かくして、教育政策をめぐる政治家の言葉は、あるいは文部科学省の役人の言葉は、虚ろなまでに空々しく、そこには絶望的なまでの白々しさが充満していく。

ともかくも、ホンネとタテマエの使い分けは、「教育語り」や教育論の分野に限って活用されるわけではないし、日本社会では昔から馴染みのある立ち居振る舞いのひとつでもある。しかし、世間の「教育語り」にしばしばホンネとタテマエの使い分けが登場するのには、それ相応の理由がある、と僕は考えている。それは、あとでくわしくふれることなのだが、およそ「教育語り」というものが、つねに「理想」を呼び込んでしまうという点にかかわっている。

理想は、それじたいとして素晴らしいが、いつでも、だれでもが実現できるものではない。そして、これが「理想」だとわかっているのに、それを実現できずにいるという状態にとどまりつづけることは、なかなかしんどいし、精神的にも苦しい。なかには、そうした状態にじっと耐え、みずからの心身にムチを打って努力を続ける修行僧のような人もいるのだろうが、俗人である僕らには、なかなかそうはできない。そんな状況のときに、ホンネとタテマエの使い分けという〝キラー・パス〟が出てくるのだ。だれだって、飛びついてしまうのではないか。

語られ方④——無自覚な仮定

さて、この国の「教育語り」を特徴づける「生成文法」は、「一億総教育評論家」社会におけるフツーの人びとの語りに影響を与えるだけではない。教育に長く携わってきた専門家（たとえば、教師や教育評論家）の言説にも巣くっていることがある。

そんな事例に該当すると思われるのだが、四つめとして、「教育語り」においてはみずからが前提としている「仮定」に無自覚になりがちだ、ということがある。

こんな「教育語り」は、どうだろうか。

この地域の人口動態の推移を見れば、今後とも子どもの数は減っていく一方である。A中学校は、すでに一学年一学級になってしまっていて、クラス替えもできない状態である。B

中学校も、いずれはそうなる見込みである。A中とB中の通学区は、合併しても徒歩での通学可能圏にあるのだから、両校は、すみやかに統廃合すべきだ。そうすれば、クラス替えもできない小規模校は解消され、子どもたちには、大きな集団のなかで鍛えられ、切磋琢磨しつつ、たくましく育っていく環境を提供することができる。

一読すると、きわめて論理的で、説得力のある語りのようにも聞こえる。しかし、この語りには、少なくとも三つの「仮定」が潜んでいる。その意味では、Cさん（と、この語り主を呼んでおこう）本人にはかならずしも自覚されていない三つの仮定が、すべて正しいという場合にのみ、上記の「教育語り」は妥当なものといえるわけである。

第一に、「この地域の子どもの人口は減少する一方である」という仮定。もちろん、人口動態の推移から推測しているわけなので、人びとがただただ事態を静観していれば、そうなるのだろう。しかし、この地域の自治体や地域住民には、ただ静観する以外に選択肢はないのかと問えば、それは否である。

学校は、地域社会の存続のシンボルである。子どもの人口が減少し、学校がなくなるということは、その地域の未来を担う世代が先細っていくということであり、地域の衰退を招く。だから、これまでにも各地の自治体のなかには、子どもの人口減を防ぎ、学校の存続のための施策（大胆な地域おこしの試みや子育て世帯の移住支援など）に取り組むところも存在したのである。Cさんの語りは、こうしたことがなされない（あるいは、なされたとしても、成功しない）ということを暗黙の前提にしてしまっている。

第二に、「小規模校という教育環境は、子どもの成長・発達にとって望ましくない」という仮定。逆に言えば、第三に、「大人数のなかで育つ子どもは、競争のなかで鍛えられ、たくましく育つ」という仮定。

「競争こそが、人間の活力の源である」といった新自由主義的な人間観に与《くみ》すれば、どちらもそうなるのかもしれないが、そうした人間観そのものも、ある種の「仮定」にほかならない。実際には、一人ひとりに目が行き届く小規模な環境で育てられるがゆえに、安心してすくすくと成長する子どもはいるし、大規模な環境に入れられると、萎縮してしまって自分が出せない子どももいる（もちろん逆に、大規模校が性にあう子どももいる）。ただ、少なくともいえることは、これまでの教育研究の知見に照らせば、教育環境としての小規模校が、大規模校よりも望ましくないことを示すエビデンス（根拠）など、実際には存在していないということである。

こう見てくると、一見、きわめて説得的に見えたCさんの「教育語り」も、かなりの綱渡りで成り立っている議論であることがわかる。仮に、Cさんが「A中とB中が統合すれば、自治体の財政負担を減らすことができる」とも述べていたとすると、この主張は、おそらく正しい（統合前と統合後の人件費負担や施設・設備の維持費、そしてじつは、地方交付税の算定基礎といったものの差異をきちんと計算すべきであるが）。

およそ教育論や「教育語り」には、こうした仮定や前提抜きに「正しい」といえるロジック（論理）と、それが正しいといえるかどうかは条件や環境に依存してしまうロジックとが組み合わされていることが少なくない。そのことが、よりいっそう「教育語り」をねじれたものにしてしまうのである。

語られ方⑤——「理想」の持ち込み

最後に、世間の「教育語り」に強烈に染みついた「生成文法」を。——それは、教育論のなかに、意識的であるか無意識的であるかを問わず、みずからの、あるいはみずからが属する集団や組織の「理想」を持ち込んでしまう、ということである。先にも少しふれたが、こいつは、なににも増してやっかいだ。

教育は、「過去」に向けられた行為ではない。子どもの「過去」をふまえつつ「現在」に働きかけ、「現在」に現れてくる変化を寄せ集めて、それを「未来」へとつなぐ営みである。だから、教育には、どういう「未来」に向けて、どんなふうに「現在」に働きかけるのかという視点が必要となる。理想を掲げること、目標を設定することは、教育の営みから切り離すことはできない。

その意味で、あらゆる教育論には「理想」が持ち込まれる。その「理想」は、短期的に達成することが可能な到達目標であることもあれば、教育基本法の第一条（教育の目的）が定める「人格の完成」のように、遠い将来に向かうものであることもある。前者は、その「理想」が実現されたか否かを確かめることもできるが、後者は難しい。そもそも「人格の完成」という目的じたいが多義的な解釈を許容するし、どういう状態が「完成」であるのかを測ることは不可能である。

さて、ここでとり上げたいのは、この国に流布する「教育語り」においては、この後者のような意味での「理想」が持ち込まれ、そのことが議論をデッドロックの状態に押し上げてしまっていることがままある、ということである。

たとえば、こんなケースが考えられる。

その場での口頭の注意では済まないような問題行動を起こしてしまった生徒（高校生）がいたとする。

D先生は、形式的な処分だけを行なっても、本人が立ち直ったりはしないのだから、生徒が心の底から反省するまで面談と指導をくり返すべきだと言う。そして、本当に反省することができたならば、処分などは不要だと主張する。

これにたいして、E先生は、生徒に心の底からの反省を求めるという行為は、生徒の「内面の自由」に踏み込み、介入することになると言う。だから、生徒の「心」ではなく「行為」を指導の対象とし、自分がやってしまった行為の意味を理解させることが必要だとする。あとは、生徒が反省しようとしまいと、校則に照らして処分を行なえばよいとの主張だ。

二人の先生は、ともに生徒思いである（よその学校でよくあるように、「ほかの生徒たちの手前……」といった論理をもちだしたりもしない）。しかし、D先生とE先生の議論は、どこまで行っても平行線をたどり、けっして歩み寄ることはないだろう。それは、二人の教師がもつ生活指導（生徒指導）についての「理想」が、相互に相容れないほどに違っているからだ。この生徒への対応がどういうかたちに決着するかは、実際には、この学校の教職員集団の意見分布や管理職の判断によって決まるだろう。その意味での「現実」は、二人の教師の「理想」に優先する。しかし、それは、D先生とE先生の「理想」を揺るがし、変容させる力になることは、おそらくない。

話が少し脱線してしまうが、学生のころ、マックス・ウェーバーの『職業としての学問』（尾高邦雄訳、岩波文庫、改訳版一九八〇年）という本を読んでいて、思わず釘付けになってしまった言葉があった。――「神々の争い」。

価値多元論というウェーバーの基本的な立場を示すための比喩的な表現なのだが、簡単に言ってしまえば、こういうことだ。

宗教的世界観に包摂されていた中世社会が「脱呪術化」されて成立したのが、僕たちが生きる近代（現代）社会。そこでは、人びとが抱く価値観は、相互に対立し、闘争しあう。学問によって、それぞれの価値観に優劣をつけたり、融和をはかったりすることなどはできない。ある人にとっての「神」は、別の人にとっての「悪魔」となりうる。その逆も、真である。そうした「神々の争い」状況に耐え、みずからの判断と責任にもとづいて、この状況を生き抜いていくのが、近代以降の人間に課された宿命なのである、と。

各人がその拠りどころとする究極の立場のいかんに応じて、一方は悪魔となり、他方は神となる。そして、各人はそのいずれかがかれにとっての神である、そのいずれかがかれにとっての悪魔であるかを決しなければならない。しかも、これはわれわれの生活のすべての秩序についていえることである。（『職業としての学問』56頁。傍点は原文）

僕がなぜ、急にこんな話をもちだしたのか。もはやおわかりであろう。往々にして各自の「理想」が持ち込まれてしまう教育論や「教育語り」の世界は、まさに「神々の争い」そのものの世界なのである。そのやっかいさとつきあうことが、教育について考え、教育について語る者には求められるということである。

2◈この本で僕が書いてみたいこと

「教育語り」は教育を幸福にしない

さてさて、ずいぶんと引っぱってしまった。世間の「教育語り」にみられる顕著な特徴、いわば語りの「生成文法」について、長々と書いてきた。が、それは、現在の日本社会において、「一億総教育評論家」状況とでも呼べる状況が現出したことが、この国の教育にとってはたして幸福なことなのか、という問いに答えるためであった。

もうそろそろ、この問いに答えなくてはなるまい。

結論的に言ってしまえば、この国における過剰なまでの「教育語り」の横溢《おういつ》が、この国の教育を幸せにしているということはない、というのが僕の結論である。書いてきたように、「個人的な体験が一般化され」「行為ではなく、人物が評価され」「ホンネとタテマエが使い分けられ」たうえに、「みずからの立論の仮定（前提）に無自覚であり」「理想という名の『神々の争い』」が起きがちなのが、この国の「教育語り」の世界である。たしかに、それはそれで、多くの人に教育への関心をもたせ、子育てや教育に携わる関係者たちを教育熱心にさせる、くらいのメリットはもたらしているのかもしれない。

しかし、それ以上に、デメリットが大きすぎるのではないか。ようするに、教育について議論しようとすると、あるいは教育にかかわることがらについて合意形成をはかろうとすると、たちまちのうちの百花繚乱の意見が噴出する。そのなかには、根拠が偏っていたり、薄弱だったりするものもあり、それをなんとか整理して、対立する意見の折り合いをつけ、調整しようとしても、最後の最後には、調停不能な「神々の争い」状態に乗り上げる。

教育論議の多くがこんな調子なのだとしたら、かたや国レベルでの教育政策にかんする意思決定から、個別の学校レベルでの方針策定に至るまで（ひょっとしたら、家庭内での子育ての方針に至るまで?）、合意形成ということが、きわめて難しくなる。だからこそ、決定が迫られる場面では、国レベルでの教育政策においては政権政党の方針が、個別の学校レベルでの方針決定においては管理職の意向が、最終的には押し通される（では、家庭では……?）。

しかし、こうした決定にたいしては、そこに関与するすべての者が納得するということは、およそ想定できないので、教育政策による施策や学校運営・実践の方針が実行に移される段になると、さまざまな「抵抗」やサボタージュ、傍観者的な日和見主義の態度が生まれてくるわけである。結局、施策や学校運営・実践が進んで一定の帰結（プラスの効果であれ、マイナスの影響であれ）が出てきたとしても、皆がそれに全力で取り組んだ結果ではないので、当初の決定そのものが正しかったのかどうかの検証もできない。すべては、曖昧模糊としたままベールに包まれてしまう。

万事がそうだとはもちろん言えないが、こんなことが、まま起きてしまうのだとしたら、この国の「教育」は、本当に不幸な環境に包囲されているのではないか。

人は、なぜ教育について語るのか

いま述べたことは、これまた先にペンディングにしておいた問い――僕たちの社会では、人はなぜ、これほどまでに（過剰に）教育について語りたがるのか――に答えていくヒントを与えてもくれる。

乱暴に言いきってしまえば、教育論には「正解」がない。これが、自然科学の世界であれば、正解はただひとつに決まっている。あることがらについて、Aという見解とBという見解が出されたとしても、それぞれの根拠についての検証が進められ、いずれはこちらの見解が有力であろうという方向に落ち着いていく。つまり、議論は、いずれ収斂《しゅうれん》していくという見通しが立つのだ。

また、ある見解について検証を行なうためには、それなりに積み上げられた知識とスキル、そして実験などのための施設・設備、なにより資金が必要となる。当然、自然科学をめぐる議論の空間においては、専門家が優位となり、素人に出番はない。「正解」とされるものが、本当に正解であるかどうかの検証は、専門家集団や研究者コミュニティの判断に任されるのが通常である（もちろん、科学の世界でもパラダイム転換のようなことは起こるし、専門家集団による相互チェックがうまく機能しないと、STAP細胞にかんするような「事件」も起きるわけだが、それは、ここでの主題ではない）。

ところが、教育論になると、こうはいかない。もちろん教育研究についての専門家集団や研究者コミュニティも存在しているが、そこに「結論」が任されるわけではない。だれでも異論を唱えることができるし、独自の「教育語り」を展開することができる。そもそも、多くの場合、教育論には「正解」はないので、だれもが「神々の争い」における「神」のポジションに立候補することが可能である。そういう意味で、教育論や「教育語り」の世界は、多くの人にとって、彼らがみずからの「語り」を提供しやすい場所になっている。

もちろん、あるテーマについての語りの場が、ビギナーにも参加しやすい場所になっているからといって、その場がつねに、盛りだくさんの語りで満たされるわけではないだろう。人びとが語りたいと思うには、彼らにたいして、切実にそのテーマについて語りたいと思わせる〝なにか〟が必要である。「教育語り」の場合、それはなんなのか。

やはり、個人にとってみずからが「教育を受けた経験」、そして、みずからが教育をするがわに立って「教育に従事した経験」の、言いようのない〝濃密さ〟ということが起点にあるのではなかろうか。たとえば、旅行でイタリアに出かけたことのある人がみな、イタリアについて語りたがるわけではない。そりゃあ、帰ってきた直後には周囲の人に話したがるだろうが、ひと月も経てば、ほとぼりが冷めるにちがいない。しかし、留学や海外勤務でイタリアに三年間滞在したといった経験をもつ人は、帰国直後だけではなく、ことあるごとに、あるいは人がイタリアについて語っているのを聞くたびに、自分も語りたくなるのではないか。人間なんて、そんなものだ。そして、こと教育にかんして言えば、三年どころですむはずがない期間の濃密な経験をしているのである。自分が受けた経験と担った経験を合わせれば、その十倍の期間も経験していてもおかしくないのだ。

もちろん、個人の被教育体験と教育体験には、そのままノスタルジーに浸りたくなるような好ましいエピソードもあれば、思い出すのも嫌になるような苦々しい経験もあるだろう。前者の経験であれば、その経験にもとづいて「教育語り」をし、それが他者から承認されたりすると、きわめて心地よい。ますます語りたくなるというものだ。後者の経験であっても、それを反面教師とした「教育語り」を展開すれば、それが本人にとって、苦い経験を昇華することにつながるし、他者からの共感も得やすい。

そう、「教育語り」にとっては、「承認」がポイントである。それが、個人の経験に直接に根ざす意見でも、間接的にしかかかわらないものでも、他者からの承認を得られることは、当人の実存を恍惚《こうこつ》とさせ、つぎなる語りへのモチベーションを喚起する。もちろん、逆も真なりであって、他者からの承認が得られない場合、疑問を呈せられたり批判を浴びせられたりした場合には、個人の実存は傷つき、揺さぶられる。でも、だからこそ、みずからの意見への固執を生む。「教育語り」や教育論における対立は、一向に解消には向かわず、「神々の争い」という暗礁に乗り上げる。そのさいの「神」は、頭のなかだけで考えた「理想」ではなく、みずからの経験に根ざしたものである（可能性が強い）ので、そう安々と取り下げられたりはしないのである。

教育論争に共通するねじれの構図

さて、そろそろ、「序」としては少々長すぎるのかもしれないこの序章のクライマックスである。これまで書いてきたことを、思いっきり単純化して、著者以外にはこんな芸当は絶対にできないだろう、というくらいに端的に整理しよう。

①――教育論は、やっかいである。
②――教育論には、それが語られる独特の「磁場」がある。
③――②の独特の「磁場」の存在が、①の「やっかいさ」を増幅している。
④――その結果、教育論においては、「当事者」が置き去りにされている。

正直に白状すると、④については、これまでの叙述では、まだふれていない。だが、僕がこの本で書きたいと思っていることの、ストライクゾーンど真ん中は、④なのだ。しかし、④を主張するためには、①〜③の前提を理解していただく必要がある。

もう少していねいに説明していこう。

「一億総教育評論家」状況にあるこの社会では、さまざまな「教育語り」が充満している。ただ、そうした教育のテーマのなかには、いっこうにひとつの結論には向かわない、いわば対立的・論争的なテーマがある。それらは、「一億総教育評論家」による、言ってしまえば、〝素人談義〟にとどまるのではなく、専門家や政治家、教育政策の関係者、学校現場の教師をも巻き込んで議論が展開されている。まあ、こうしたテーマも、すでに述べてきたような「教育語り」の延長上に位置づくわけだから、いくら専門家や教育関係者が参入していようと、それは容易に「神々の争い」に行き着いているのである。

この本では、こうした対立的・論争的な教育の諸テーマ、それらにかんする「教育語り」が凝固し、対立軸へと固着してしまっているかのような教育テーマを考察の対象とする。とり上げるのは、以下、1章「道徳教育」、2章「ゆとり教育」、3章「エリート教育」、4章「キャリア教育」、5章「大学改革」である。

なぜ、これらのテーマを選んだのか。率直に言って、恣意的である。教育研究者としての僕の力量にはもちろん限界があるので、なんとか手に負えるテーマ（本当は、それも妄想なのかもしれないが）である必要があるし、僕自身が論じたくないテーマはとり上げない。そもそも、本を書くというのは、そういうことだろう（笑）。

ただ、注意してほしいのは、とり上げた五つのテーマじたいが問題（重要）なのではないという点である。たまたま選ばれたこの五つのテーマにかんする教育論議は、それぞれにテーマの内容は異なるにもかかわらず、ある意味で、共通する議論のねじれや論争・対立の構図を有している。ようするに、明らかにしたいのは、この共通の「構図」なのだ（だから、この「構図」をあぶり出すためのテーマは、どうでもいいとは言わないとしても、なんでもよい）。

各章では、道徳教育、ゆとり教育、エリート教育、キャリア教育、大学改革というテーマをめぐって、まずは、議論がどのようにねじれ、どのように「理想」が持ち込まれ、どんなふうに「神々の争い」に乗り上げてしまうのか、そのメカニズムを明らかにしていく。そのうえで、そうやって教育論が膠着状態に陥っていくことの最大の犠牲者が、教育を受ける「当事者」たち（＝子ども・若者）であるという核心的な論点を剔抉《てっけつ》していきたい。

およそ、どんな教育論であっても、それが「教育」論であるかぎりは、その立論には「子どものため」という〝擬制〟を介在させている。ある教育「論」が、なぜ優れているのかと言えば、なによりもそれが、子どもと若者の「最善の利益」（「子どもの権利条約」第三条、一九九〇年）を代弁しているからである、という論理構成が採用される。その意味では、子どもを置き去りにした教育論など存在しないはずなのだが、実際にはそうではない。

Aという「神」を崇める教育論が主張する「子どものため」と、Bという「神」を信奉する教育論にとっての「子どものため」は、同じではない。ときには、鋭く対立する。その対立の最中で、議論が「神々の争い」という暗礁に乗り上げることのワリを食っているのは、まさに子どもたちなのではないか。——これが、僕の見立てである。

この見立てが、はたして妥当なものであるのかどうかは、ぜひとも各章を読んだうえで、読者のみなさんにご判断いただきたいと思う。

第1章
腫れ物としての道徳教育

いま、道徳教育が〝熱い〟ことになっている。

コトの発端は、第二次安倍内閣が肝いりで発足させた教育再生実行会議の「第一次提言」(二〇一三年)が、これまでは正式な教科ではなかった「道徳の時間」を「教科」にするという方針を打ち出したことにある。これを受けて文部科学省内に設置された有識者会議である「道徳教育の充実に関する懇談会」は、小・中学校における「道徳の時間」を「特別の教科」に格上げすることを提言し、その具体化のための方策が、文部科学大臣によって中央教育審議会に諮問された。諮問を受けた中教審は、二〇一四年には道徳を「特別の教科」に格上げすることを内容とする答申を文部科学大臣に提出している。

きわめて短時日《たんじじつ》のうちに、しかもその後も、事態は急ピッチで展開している。道徳の教科化が実現することは、もはや動かない事実であろう。と言おうとした矢先、二〇一五年三月、文部科学省は、学習指導要領全体の改定とは切り離し、「特別な教科 道徳」だけを先行させて、告示を行なった。学校教育法施行規則にもとづく処置であるが、つまり、道徳は教科化されたのである。

しかし、このかん、道徳の教科化にたいしては、学校現場ばかりではなく、研究者からも反発や批判の声が根強かった。マスコミの論調、新聞の社説などにおいても、「慎重な対応」を主張する向きが少なくはなかったのである。

さて、ここまで書いてみたが、ひょっとすると、教育関係者以外の読者のかたがたの頭のなかには、率直に言って、〝はてなマーク〟が渦巻いているのではあるまいか。

小・中学校時代の経験では、たしか週に一時間は、「道徳の時間」というものがあったはずだ。読み物資料を読んでみたり、ＮＨＫの教育テレビ（現・Ｅテレ）の道徳の番組を見たりしていた。先生の期待に沿うような「意見」を言うのは苦痛だったけれども、でもまあ、ありがたい〝息抜き〟の時間でもあったなあ（ここは、人によって違うかもしれない）。で、あの道徳の授業は、「教科」ではなかったのか。仮にそうだったとして、「道徳の時間」が教科になると、いったいなにが変わるのか、どんな不都合が生じるのか、皆目見当がつかないではないか、と。

まことに、ごもっともである。しかし、言わねばならない。道徳の時間が「教科」になるか、ならないかは、やはり大問題なのである。戦後のこの国の教育界にとって、道徳教育は、つねに目の上にできた〝腫れ物〟のような存在であった。触らないですむなら、それに越したことはない。しかし、どうしても触ってしまう。なんといっても、目障りだからだ。しかし、いったん触ってしまうと、そこには、賛否両論の渦が巻き起こる。百花繚乱の議論が展開される。

こと道徳教育をめぐっては、保守的な政治家たちは、概して〝お熱いのがお好き〟である。ただ、彼らのそうした主張は、ただちに革新陣営や教職員組合などからの猛烈な反発を浴びる。研究者の内部にも、この両陣営に沿って「分断」のラインが引かれていく。これが、戦後の教育史の常なのだ。

なぜ、そんなことになるのか。なぜ、道徳教育は〝腫れ物〟なのか。道徳教育をめぐる対立や論争点を、どう解きほぐしていけばよいのか。こうした点について、じっくりと考えてみたい。

1◈戦後の道徳教育の変遷
道徳の時間から『心のノート』まで

忠君愛国を教え込んだ修身科

こんなことを書くと、驚く人もいるかもしれないが、戦後の道徳教育は、ゼロから、いや、マイナスから出発した。つまり、一九四七年にスタートした新学制の学校においては、道徳を教える教科や「道徳の時間」は存在していなかったのだ。

なぜ、存在していなかったのか。この点はじつは、道徳教育をめぐる長い長い（長すぎる）論争の構図を解きほぐすためのひとつの鍵となる。ただ、その話に進むまえに、まずは、その前段階のことを確認しておこう。

戦前の日本の学校には、道徳を教えるための教科として「修身」があった。修身科は、堅苦しく言えば、「教育に関する勅語の旨趣に基づき、児童の良心を啓培してその徳性を涵養《かんよう》し、人道実践の方法を授くるを以って要旨とす」（「小学校教則大綱」第二条、一八九一年。現代的仮名づかいに改めた）と定められた教科である。そして、各教科の「筆頭教科」という位置づけを与えられてもいた。

ようするに、かの「教育勅語」（一八九〇年）に散りばめられたさまざまな「徳目」――たとえば、「孝悌」「友愛」「仁慈」「信実」「礼敬」「義勇」「恭倹」といった――を教えることを通じて、最終的には子どもたちに「忠君愛国」の国民道徳を教え込むことが、修身科の役割であった。戦前の天皇制国家体制を支えるための国民の「教化」(インドクトリネーション)の道具、いまふうに言えば、国民を〝マインドコントロール〟するための重要なツールとしての役割を担ったのが、戦前の修身科であったといってよい。

当然のことであるが、戦時下になるにつれて、修身科の内容には、軍国主義的な色彩が色濃くみられるようになった。それは、天皇の「赤子」としての子どもたちが、自発的に「総力戦体制」に動員され、みずから使命感に燃えながら、戦場に赴いていくことをうながす役割を果たしたのである。

キグチコヘイ　ハ　テキ　ノ
タマ　ニ　アタリマシタ　ガ、
シンデモ　ラツパ　ヲ
クチ　カラ　ハナシマセンデシタ。

これは、国定の修身教科書(一九〇四年〜)に載せられた教材である。木口小平は、こうした逸話を通じて、子どもに「義勇」(勇気をもって前線で戦った)、「忠君」(天皇から与えられたラッパをけっして口から離さなかった)、「愛国」(国のために殉死した)といった徳目を教え込むための〝英雄〟に祭りあげられていたのである。

これがすべてでは、もちろんないのだが、修身科についてのイメージはつかんでもらえただろうか。修身の授業では、子どもたちがみずから考えたり、判断したりすることはない。修めるべき徳目は、国から与えられており、教育勅語や国定教科書に記されている。それを心身に刻み込むことが、まさに子どもにとっての修身科の学習だったのである。

いまではご高齢になられているが、戦前の教育を受けたかたがたのなかには、教育勅語の全文をそらで暗誦できるかたがいる。僕も、勤務校の通信教育部のスクーリング授業で、そういうかたと出会ったことが何度かある。授業中にお願いすると、若い学生たちは驚愕の眼差しを向けるわけであるが、見事に教育勅語の全文を朗々と暗誦される。「お見事!」と言うしかない世界なのだが、これはこれで、かなりコワい話でもある。

左右対立の焦点となった道徳教育

一九四五年の敗戦後、焼け野原が広がるなかではあるが、この国の学校は、少しずつ再開しはじめた。そのさい、連合国軍最高司令官総指令部(GHQ)が出した指令の一つが、修身・日本歴史・地理の三教科についての授業再開の禁止であった。

「墨塗り教科書」という言葉があるように、ほかの教科においても、〝教えることはまかりならない〟と指示された教育内容は、けっして少なくはなかった。しかし、教科丸ごとの授業禁止という措置がとられたのは、上記の三教科だけである。それだけ、GHQのがわからは、これらの教科の内容が、戦前日本の国家主義・軍国主義体制の形成に「貢献」したと見なされていたことがよくわかる。その後、一九四七年に新学制が発足すると、日本歴史と地理については、あらためて授業を再開してよいことになった。しかし、「修身」だけは、ついぞ〝復活〟することはなかった。修身科は、戦前の国家主義と軍国主義の記憶とともに、教育の現場から葬り去られた、いや、少なくともこの時点では、葬り去られた〝はず〟だったのである。

なぜ、修身科は復活できなかったのか。いうまでもなく、戦前の教育においてこの教科が果たしていた否定的な役割が、とことん忌避されたということであろう。そこには、もちろんGHQの意向が働いたにちがいない。しかし、同時に、日本がわで戦後の教育改革を担ったリベラル派の知識人たちも、「平和と民主主義」を旗印に再出発をする日本の教育にとって、修身科は必要がないと判断したということも大きい。戦後の新国家建設を担っていく子どもたちが身につけるべき市民的・民主的な道徳は、特定の教科を通じた「教え込み」によってではなく、学校教育全体を通じて育成すべきものとされたのである。

ただ、にもかかわらず、なのだ。この国がふたたび主権を回復して以来、長期にわたって政権を担ってきたのは、現行の日本国憲法ではない「自主憲法」の制定を党是とし、「祖国愛を高揚する国民道義を確立する」ことを「党の政綱」（一九五五年）に宣言した保守政党・自由民主党であった。この政権の下で、数かずの政治家たち、それどころか歴代の首相や文部（科学）大臣までもが、その後、「道徳教育の振興」を叫ぶことになるのである。

〝戦後の教育を受けた子どもは、道徳心に欠けている〟〝親孝行の心にさえ乏しい〟〝まともな愛国心が育っていない〟といったことが、道徳教育の振興の根拠とされた主張である。そのさい、保守政治家たちが念頭においていたのは、やはり戦前の修身科であった。当時のマスコミの報道等を見れば、「修身科復活」という言葉（政治的なアジェンダ）は、それに賛成するか、反対するかにかかわらず、幾度となく紙面の見出しに登場する常套句になっていた。

もちろん、時代は、いわゆる「五五年体制」下である。保守政権のがわが「道徳教育の振興」を叫び、そのための具体的な施策を実施しようとすると、当然、革新政党や教職員組合などからは猛烈な反発を浴び、反対運動を呼び起こすことになった。そのさいに反対派が見ていたものも、やはり戦前の修身科の「亡霊」であった。

かくして、新学制の教育課程からは排除されたはずの「修身」は、戦後しばらくのあいだは、生なましい「亡霊」として生きつづけた。それのみならず、その後の道徳教育をめぐる論議や論争にも、〝密かな〟影響力を発揮しつづけたのである。

「道徳の時間」の設置

この本の読者の多くは、みずからの教育体験において、小・中学校時代には週に一度の「道徳の時間」の授業を受けた経験があるのではないか。すでに述べたように、戦後の新学制の出発の時点では、道徳教育のための教科や時間などは存在していなかった。では、いつから「道徳の時間」なるものが登場したのか。

答えは一つしかない。一九五八年に改訂された学習指導要領からである。そこでは、小・中・高校において、学校教育全体を通じた道徳教育を行なうことが明記され、小・中学校においては、週一時間の「道徳の時間」を設置することが定められた。

ところで、なぜ、教科としての道徳科ではなく、「道徳の時間」だったのか。

まず、思いつく理由としては、道徳（教育）は、「教科」には馴染まないということがあったかもしれない。通常の教科と同列に考えれば、もし道徳を教科にするとすれば、まず「道徳の教科書」が必要となる。そして、中学校以上においては、「道徳の教員免許」をもった教員を配置する必要もある。さらに、子どもたちの道徳に「成績」（評価）をつけることにもなる。

これは、さすがにまずいだろう。道徳というものは、本来、すぐれて個人の内面にかかわることがらである。個人の「思想・信条の自由」ともかかわってくる。こうした道徳（教育）を、上記のような要件をもった「教科」にするのはふさわしくない、と考えられたとしても、それには相応の根拠がある。

ただ、にもかかわらず、天野貞祐《ていゆう》（著名な哲学者であったが、一九五〇年から第三次吉田内閣で文部大臣を務め、一九五三年には『国民実践要領』を出版して、道徳教育の振興を訴えた）をはじめとする歴代の保守政治家たちの〝悲願〟は、道徳の教科化にあったはずである。なぜ、そうした道は選ばれなかったのか。

単刀直入に言ってしまえば、きわめてポリティカル（政治的）な理由である。仮に道徳を教科にしようとすれば、教育職員免許法をはじめとする法改正を国会の審議にかける必要があった。しかし、時代は、保守vs革新の「五五年体制」のさなかである。しかも、「修身科復活」は、マスコミ報道を含めて、世論を賛否両論に二分するほどの争点になっていた。

他方、道徳を教科にするのではなく、教育課程に道徳教育および「道徳の時間」を位置づけるだけであれば、学校教育法施行規則の改正と学習指導要領の改訂でことがすむ。そして、施行規則は、省令に位置づくものであるので、文部省のさじ加減一つで決めることができた。

実際に、保守政治家の〝悲願〟と文部官僚の〝合理主義〟のあいだに軋轢や葛藤があったのかどうか、それはわからない。だが、現実は、後者の「解決法」に落ち着いたというわけである。

こうして、教科でも教科外活動（特別活動）でもない、（世界のカリキュラム論の「常識」からは大きくはずれる）教育課程上の「領域」としての道徳教育が、この国の教育に成立することになった。「道徳の時間」は、この「領域」としての道徳教育の活動であるので、教科でもなければ、（学校行事や委員会活動等をさす）特別活動でもない。

盛り上がらなかった「道徳の時間」

さて、読者の多くが体験したであろう「道徳の時間」の来歴は、右のとおりである。それは、ある意味で〝妥協の産物〟として位置づくものであり、教育課程上のポジションにかんしては、かなりビミョーなものであった。

だから、といってよいのか、一九五八年に登場して以降の「道徳の時間」のその後は、「道徳教育の振興」を叫んだがわからすれば、かなりの期待はずれの結果となった――単純に言うと、盛り上がらなかったのである。

時間割上では、週一時間の枠を与えられた「道徳の時間」であるが、実際にはその時間が、学校行事（運動会や修学旅行等）の準備のための時間に使われたり、進度が遅れている教科の学習時間に振り替えられたりするといったことが、けっして珍しくなかった。まっとうに道徳の授業が行なわれたとしても、副読本にある読み物教材を読んで感想を言う、ＮＨＫの教育テレビの道徳番組を見て、意見を言って終わりといったケースも少なくなかった。

子どもたちのがわからすれば、この時間は、〝先生（教材）が期待して、言わせようとしている「正解」が見え見えの、胡散臭い場〟と見なされたり、〝でもまあ、教科の時間とは違って、いい息抜きになる〟と思われたりしていたはずだ（これはまあ、僕自身の個人的な体験に根ざすところが大なので、そうでないと感じていたかたもいるとは思うが）。

ともかくも、「道徳の時間」は、盛り上がりに欠けた。なぜ、そうなったのか。

考えられることの一つには、導入の経緯からして、現場の教師たち（とりわけ、教職員組合に所属する教師たち）が、道徳教育に熱心に取り組もうとはしなかったということがあるかもしれない。これには、〝確信犯〟的な反対派の教師が、意図的に「道徳の時間」をサボタージュしたというケースもあったであろうし、そこまでの〝確信犯〟ではない中間派の教師であっても、「五五年体制」下の世の中の雰囲気や学校現場の空気を感じて、「道徳の時間」を煙たがり、それとなく敬遠したといったこともあったであろう。

ただ、これだけの理由であれば、問題は、時間が解決してくれるはずである。時間の経過とともに、一九五八年当時の「道徳の時間」導入をめぐる対立と論争の記憶は薄れていく。教師たちも入れ替わっていく。少なくとも一九八〇年代にもなれば、成立時の経緯を知らない教師が多数派となり、経済成長に酔いしれはじめた世間の雰囲気としても、保革の厳しい対立といった感覚は、相当に薄らいでいたはずである。

にもかかわらず、その後、「道徳の時間」が勢いを盛り返したという話は聞かない。

そうであれば、「道徳の時間」の不振の理由は、成立時の政治的力学に求めるだけではなく、教育論としても内在的な要因を考えてみる必要があるだろう。

子どもたちからの審判

グラフを見てほしい。東京学芸大学が行なった『過去の道徳授業の印象に関する調査（結果報

過去の「道徳の時間」について

【「道徳の時間」が好きだったか】

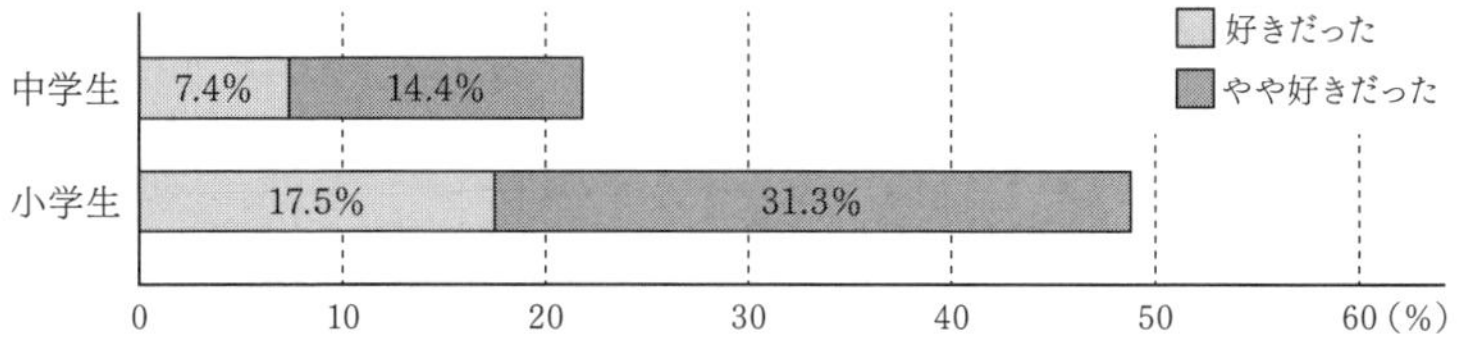

【「道徳の時間」がためになったか】

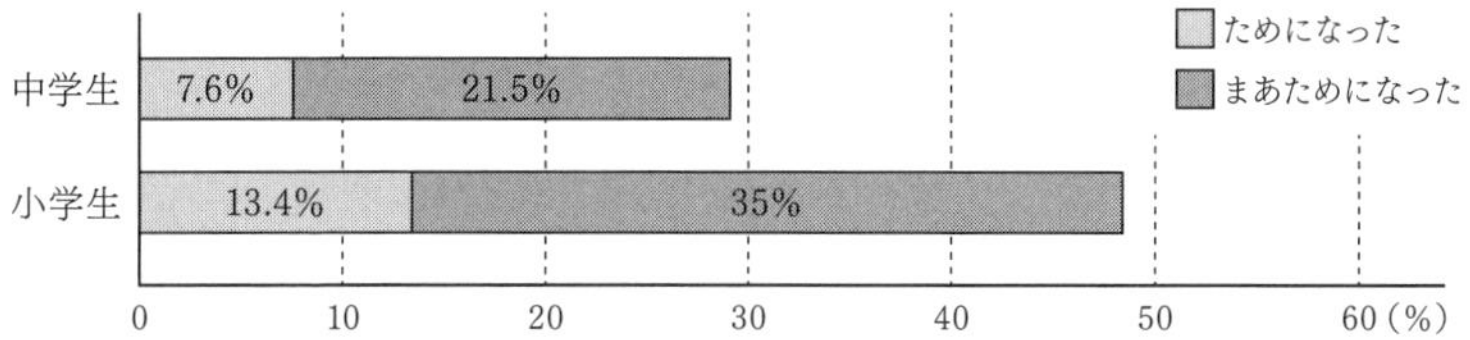

告書)』(二〇一四年)の一部である。現在の大学生に小・中学校時代をふり返らせているので、比較的最近の「道徳の時間」の実態が出ていると見てよいだろう。

端的に、過去の「道徳の時間」について、「好きだった」「ためになった」とする回答は、低く抑えられている。小学生時代の「道徳の時間」は、かろうじて面目を保っているといえるかもしれないが、中学生になったときの極端な落ち込みが注目されよう。

しかも、見落としてはならないことがある。この調査に回答しているのは、教員養成系大学に所属し、おそらくは将来、教師になることをめざしている学生たちであるということである。僕も教職課程の授業を担当しているので、経験上よくわかるのだが、教職課程を履修する学生たちは、一般の学生に比べて、みずからの過去の学校体験を肯定的にとらえていることが多い。考えてみればあたりまえのことだが、学校教育や教師にたいしても基本的な信頼を寄せている。

先の調査は、こうした学生たちのみが回答しているのである。これを一般の学生、いや若者全体に広げたら、肯定的な回答がさらに落ち込むであろうことは、火を見るよりも明らかである。

ようするに、こういうことだ。道徳教育は、子どもたちにたいする「訴求力」をもっていない。「道徳の時間」の学習が面白いとも、意味があることだとも思わせていない。「道徳の時間」の不振の原因は、これ以外にはないのではないか。

たしかに、論者のなかには、道徳が正規の教科として位置づけられていないから、あるいは、試験がなく「受験」に関係がないから、子どもたちから軽視されるのだ、などと主張する者もいる。しかし、試験の成績や、それが入試に響くからといった理由で、子どもたちの学習意欲を喚起しようなどという発想は、そもそもが本末転倒であり、教育論としては〝敗北〟している。

それに、よーく考えてみてほしい。高校受験の内申点に換算されるからという理由で、中学生たちが「道徳の時間」の学習に熱心に取り組み、教師たちは、評価の公平性と客観性を保つためという理由で、道徳についてのペーパー試験を実施するなどという（おぞましい）光景が、学校の日常になったとしたら、それはホントに「道徳的」なのだろうか。道徳教育の推進派でさえ、望まない事態なのではないか。中学生たちは、道徳をよく〝お勉強〟するようになるかもしれない。しかし、彼らは、道徳の学習を興味深いと思ったり、意義あるものだと思ったりは絶対にしないだろう。

道徳教育振興派の〝執念〟

「道徳の時間」が導入されて、半世紀の歳月が経つ。しかし、それは、(その是非はともかくとして)所期の目的を果たしたとは、とうてい言いがたい状況にある。しかし、「道徳教育の振興」派、そして文部(科学)省は、この五十年間、ただただ手をこまねいてきたわけではない。

政権を担ってきた保守政党(自民党)の意向も受け、文部(科学)省は、早い時期から、「道徳の時間」で使用するための指導資料の作成や教材の開発に取り組み、道徳教育推進のモデルとなる研究開発校を指定するなどの事業をくり返してきた。学習指導要領では、学校ごとに「道徳教育の全体計画」を策定し、「道徳の時間」の年間指導計画を作成することも義務づけた。さらには、各学校に「道徳教育推進教師」を置くことも義務づけることにした。

そして、こうした道徳教育の推進体制が、きちんと守られているかどうかをチェックするために機能したのが、「道徳教育実施状況調査」「道徳教育推進状況調査」のたぐい(調査ごとに、なぜか微妙に名称が異なっている)である。簡単に言ってしまえば、これによって、「道徳の時間」の授業時数(コマ数)が、標準となる年間三十五時間確保されているかどうか、全体計画や年間指導計画が作成されているかどうかなど、ありとあらゆることに「監視」の目がおよんだのである。すでに述べたように、道徳教育の進め方(教育内容や方法)についての〝縛り〟をかけたうえで、それが実際に実行されているか否かが、克明にチェックされ、対外的にも公表されたわけだ。

こう言ってしまうのもなんだが、まさに〝やりたい放題〟である。そして、この〝傍若無人〟ぶりの延長線上に出てきたのが、『心のノート』を全国の小・中学生に配布するという「暴挙」（でなければ、端的に、税金の無駄使い）であった。

二〇〇二年に無償配付が開始された『心のノート』（小学校低学年版のみは、『こころのノート』）は、文部科学省の説明によれば、道徳教育の充実をはかるための「補助教材」である。教科書ではないという点では、民間の教科書会社などが発行している道徳の「副読本」となんら変わるところはない。ただし、違いは、公費によって作成され、全国の小・中学生に無償配布されたという点にある。そのことの影響力は、けっして過小評価するわけにはいかない。

また、『心のノート』は、著名な心理学者である河合隼雄を中心に制作され、従来の道徳教育用の教材とは異なる特徴をもっていた。従来の教材が、どちらかといえば、「道徳の徳目を子どもたちに伝達し、理解させ、修得させる」という構図をもっていたとすれば、『心のノート』は、完全に心理主義的なアプローチに立つ。子どもの心に寄り添い、子どもに素直な気もちを記述させるといったスタイルを取りながら、操作的・誘導的に「徳目」に導こうとしていた。逆に、この〝巧妙さ〟が、少なくない反発や批判を呼び、警戒されたということもある。

なお、二〇一四年度から、『心のノート』は『私たちの道徳』（小学校の低・中学年版は、『わたしたちの道徳』）にバージョンアップされ、分量的にも一・五倍に増強されている。これまた、全国の小・中学生に無償配付されている点は、『心のノート』と同様である。

こうして見てきたように、一九五八年以降の道徳教育の「不振」にたいして、「振興」派の意を受けた文部（科学）省は、けっこう〝がんばってきた〟のである。にもかかわらず、そうした取り組みが、『心のノート』を含めてであるが、学校現場に「歓迎」され、浸透し、そして道徳教育の「復興」の兆しが見えてきたといった気配はまるでない。

2◈愛国心や徳目を国家が教えられるか

道徳教育をめぐる基本的な争点

こうした状況を「憂慮」し、いたたまれなくなったからなのか、ときどきに噴出してくるのが、「道徳の教科化」をはじめとする保守政治家たちの〝爆弾発言〟である。

現在の安倍首相は、第一次内閣のときにも、みずからが発足させた教育再生会議に「道徳の教科化」についての提言を出させた。そしていま、第二次内閣においても、教育再生実行会議から同じ提言を提出させている。すさまじい「執念」としか言いようがない。ご自身がどれだけ道徳的に高貴なかたなのかは存じあげないが、道徳教育の現状にたいしては、よほど腹に据えかねているのであろう。

さて、ここまでの論述で、道徳教育をめぐる論争や争点を理解するうえで必要な、基本的な〝お膳立て〟については説明してきた。

日本の道徳教育は、その出自と由来からして、最初から論争含みのテーマでありつづけ、つねに対立にまみれてきたのだ。その意味で、道徳教育をめぐる論点や対立点は山ほどあって、すべてを論じていたらキリがなくなってしまう。以下では思いきって、つぎのような争点に限定して、その対立の構図を読み解いてみることにしたい。

①―「道徳教育の振興」派は、本当に、軍国主義時代と戦前の「修身科」を想起させるような「愛国心教育」の復活をねらっているのか。
②―そもそも国家が道徳教育を推進し、その内容を決めることは許されるのか。
③―「道徳の教科化」をはじめとする道徳教育の振興・充実論が前提としている、子どもたちの道徳意識や規範意識の低下という認識は、本当に正しいのか。

愛国心教育という悲願

最初の点(①)から論じていこう。

「道徳教育の振興」派は、軍国主義時代を想起させるような「愛国心教育」の復活をねらっている――これが、批判派がつねに警戒し、道徳教育の推進に反対する、あるいは、少なくとも抑制的なスタンスをとる一つの論拠となってきた認識である。はたしてこの認識は妥当なのだろうか。戦前とまったく同じかたちの「愛国心教育」を復活させようとしたのかどうかは別として、保守政治家たちが「道徳教育の振興」を主張するとき、そこに「愛国心を教える」ことを盛り込もうとしてきたことは、やはり歴史的には事実である。

その「証拠」の一つとしてよくとり上げられるのが、池田・ロバートソン会談だ。会談は、一九五三年、当時の自由党の政調会長であった池田勇人とアメリカのウォルター・ロバートソン国務次官補とのあいだで秘密裏に行なわれた。のちに朝日新聞がスクープ記事として暴露することになるのだが、ここで日本は、アメリカにたいしてつぎのような「約束」をしていた。

> 会談当事者は日本国民の防衛に対する責任感を増大させるような日本の空気を助長することが最も重要であることに同意した。日本政府は教育および広報によって日本に愛国心と自衛のための自発的精神が成長するような空気を助長することに第一の責任をもつものである。
> （「池田・ロバートソン会談議事録草案要旨」『朝日新聞』一九五三年十月二十五日。傍点は、著者）

すでに冷戦体制が始まっていたこの時期、この両者の会談で意識されたのは、日本の独立後の防衛問題であり、アメリカとの軍事面を含む同盟関係の構築であった。そのために、日本は、国民の「防衛に対する責任感」を醸成し、「教育および広報」によって「愛国心と自衛のための自発的精神」を涵養するために努力することを約束した。

当時の政治的文脈に沿って考えれば、こうした流れをくんだ保守政権が、その後も続くことになり、一九五八年には「道徳の時間」を成立させた。そして、このときの小学校学習指導要領には、「道徳の時間」で教えるべき「内容」（徳目）の一つとして、「日本人としての自覚を持って国を愛し、国際社会の一環としての国家の発展に尽す」ことが盛り込まれた。

文部省の解釈によれば、学習指導要領は、学校教育法施行規則の規定を根拠に告示されるものであり、「法的拘束力」を有する文書であるとされた。つまり、この時点でこの国は、子どもたちに「愛国心」と「国家の発展」への貢献を教えるべきことを、法律的にも義務づけたのである。

戦前の修身科の「亡霊」についてはすでに書いたが、批判者たちが「亡霊」を意識し、警戒してしまうような根拠は、少なくとも「道徳の時間」の成立時の社会状況においては、たしかに存在していたと言うべきであろう。

ただ、朝鮮戦争の勃発、東西の冷戦構造の激化といった、かなり〝きな臭い〟空気が充溢していた一九五〇年代であればともかく、現時点では、批判派が主張するような心配は、ただの「杞憂」となっているのだろうか。

たしかに、そう願いたいところではあるが、しかし、かならずしもそうとは言えないと思うのは、おそらく僕だけではないだろう。

現在の安倍内閣は、二〇一三年に定めた「国家安全保障戦略」に、あらためて「わが国と郷土を愛する心を養う」ことが必要であると明記した。また、首相が唱える独自の「積極的平和主義」は、歴代の内閣や内閣法制局の見解を〝反故《ほご》〟にして、憲法解釈の変更によって、日本が「集団的自衛権」をもつことができると主張している。しかも、それは、閣議決定によって可能になるのだという、「立憲主義」を越えてしまうのではないかと危惧される立場に立っているのだ。

まことに畏れおおいことではあるが、正直「バカの壁」ということさえ感じさせる、こうした策動の背景にあるのは、どう頭をひねって考えても、この国をふたたび「戦争のできる国」にしたいという〝野望〟以外には考えにくい。逆に、そう考えれば、「戦争のできる国」には絶対に「愛国心」が必要であり、そのためには道徳教育の強化（教科化）が求められるという筋が、論理的には理解できるものとなる。まさに、修身科の「亡霊」は、亡霊であるどころか、もはや「再生」しはじめているのではあるまいか。

もう一つの愛国心

論じてきたような意味で、戦後の日本における愛国心をめぐる問題には、つねに〝危うさ〟の影がつきまとっている。だから、批判派から反発され、危惧され、憂慮の念が表明されるのには、それ相応の根拠があると言わざるをえない。

ただ、そうなのだとしても、純粋な「道徳教育論」として考えた場合には、そもそも「愛国心」というものをどう考えればよいのか、それは、全面否定されなくてはいけないものなのかという論点は、じつは残っている。

なかなか悩ましい問題である。ただ、僕は、ときどき〝夢想〟してしまうのだ。敗戦後の日本が、「平和国家」としての再出発を誓ったはずのこの国が、もし、主権の回復ののちにみずから、軍国主義時代のイメージを刻印された「日の丸」とは違う旗を国旗とし、〝天皇が治める国〟というタイトルと歌詞をもつ「君が代」とは違う歌を国歌として制定していたら……。もし、公職追放された者の追放措置を解除したり、戦時のA級戦犯を靖国神社に合祀したりといったことをしていなかったら……。

もし、近隣のアジア諸国にたいして、戦前のこの国の過ちを真摯に認め、謝罪し、敬意をもってこれらの国ぐにとの友好関係を結び直すことができていたら……。もし、特別永住資格をもつ在日外国人のかたがた、およびその子孫には、日本国籍をもつ者と同等の政治的権利を認め、一定の条件を満たす外国籍の定住者には、少なくとも地方参政権を認めるような国になっていたら……。

「もし」の内容は尽きないのであるが、もし、そうであったならば、そこでの道徳教育をめぐる議論は、おそらく現在までのそれとは、かなり違うかたちになっていたのではないか。道徳教育の内容をめぐって、あるいは、その進め方や教育方法をめぐっては、おおいなる議論や論争が存在したかもしれない。しかし、道徳教育そのものを警戒し、毛嫌いするといったたぐいの主張をする者は、かなりの少数派にとどまったはずである。

平和的で民主的な国家・社会にとって必要な、異質な価値観や他者との対話にも開かれた道徳教育であれば、その内容や方法をめぐって、いくらでも建設的な論争が展開されてよい。それが、望ましいストーリーである。そして、そうしたストーリーのもとであれば、「愛国心」の問題も、それが偏狭なナショナリズムには陥らないという範囲内で、かなり前向きな議論が展開できたのではなかろうか。

「国を愛する心」は、けっして強制されるべきものではない。しかし、国際秩序の下での「国家」の存在とその必要性が認められるのであれば、国民のなかに、自発的に自国を尊重し、誇りに思う心情が生まれることを期待すること、それをうながす〝強制的ではない〟環境を醸成しようと試みること、それじたいが許されないということはなかろう。

いずれにしても、以上は、悲しいかな、ただの「夢想」にもとづく仮定でしかない。

戦後の日本で、これまでに展開されてきた愛国心や愛国心教育、もっと言えば、道徳教育をめぐる論戦は、「夢想」の仮定にもとづくような、冷静で建設的な議論を成り立たせないような政治的な「磁場」のなかでのみ展開されてきた。それは、ある意味では、愛国心や道徳教育にとっても、きわめて「不幸」な事態であったといえるだろう。

国家は道徳価値を公定できるか

先の②の論点に進もう。そもそも国家が道徳教育を推進し、その内容を決めることは許されるのか。

戦後、道徳教育についての反対論や懸念がずっと存続してきた背景には、いま述べてきたような「政治的」な背景だけではなく、じつはかなり「原理的」な問題もある。端的に言えば、こういうことだ。

近代国家というものは、個人の内面に介入してはならない。日本国憲法の言葉を借りれば、「思想及び良心の自由は、これを侵してはならない」(第十九条)。ところで、道徳とは、個人の「内面」に深くかかわることであり、「思想」や「良心」とも深く結びついたものではないのか。そうだとすると、国家が道徳教育に深く関与し、道徳教育で教えられるべき内容(徳目)までを決めるといったことは、許されないのではないか。——これが、この論点(争点)の核心にある問いである。

事実として、一九五八年に「道徳の時間」が登場して以降、歴代の小学校版と中学校版の学習指導要領には、「道徳の時間」で扱われるべき「内容」(徳目)が列挙されてきた。そして、道徳の授業では、それらの「内容」をすべて教えることが義務づけられている。

現行の中学校版を見ると、全部で二十四項目が挙げられており、たとえば、つぎのような「内容」が並んでいる。

○望ましい生活習慣を身に付け、心身の健康の増進を図り、節度を守り節制に心掛け調和のある生活をする。
○より高い目標を目指し、希望と勇気をもって着実にやり抜く強い意志をもつ。
○礼儀の意義を理解し、時と場に応じた適切な言動をとる。
○友情の尊さを理解して心から信頼できる友達をもち、互いに励まし合い、高め合う。
○法やきまりの意義を理解し、遵守するとともに、自他の権利を重んじ義務を確実に果たして、社会の秩序と規律を高めるように努める。
○勤労の尊さや意義を理解し、奉仕の精神をもって、公共の福祉と社会の発展に努める。
○日本人としての自覚をもって国を愛し、国家の発展に努めるとともに、優れた伝統の継承と新しい文化の創造に貢献する。

（『中学校学習指導要領』二〇〇八年告示、第三章「道徳」第二「内容」より一部抜粋）

この本の読者の大多数は、たぶん小・中学校時代に「道徳の時間」の授業を受けた経験をもっているだろう。しかし、あの授業の背景に、このような学習指導要領上の規定が存在することは知らなかったのではなかろうか。

まあ、〝特段に目くじらを立てる必要はないではないか〟と思われるような内容も並んでいるし、「奉仕の精神」や「国を愛し、国家の発展に努める」のように、人によっては〝抵抗感〟を感じるかもしれない内容もある。

ただ、ここでの批判的論点の〝肝〟は、そんなところにはない。この論点が問題視しているのは、道徳教育の「内容」ではなくて、まさしく「形式」そのものだからである。

つまり、こういうことになる。仮に、万人が承認できる道徳的価値が存在するとして（実際には、かなり難しいことであると思うが）、仮に、学習指導要領には、そうした普遍的な道徳的価値にもとづく「内容」（徳目）だけが列挙されていたとしても、それでも、この批判的立場からすれば、その学習指導要領の規定は、問題性を孕んでいる。なぜなら、そこでは、国家が、なにが道徳的価値であるかを決定（＝公定）しているからであり、そのことは、国民の「思想及び良心の自由」を侵す可能性があるからである。近代国家が、少なくとも日本国憲法下にある国家が、「道徳の教師」になることは許されない、ということなのだ。

この批判的論点は、相当に重たい、と少なくとも僕は考えている。批判派・反対派からすれば、決定的な得点機をつくり出す〝キラー・パス〟なのである。

国家が道徳教育をする「根拠」って？

論理的に考えた場合には、公教育における道徳教育にかんしては、右のような、近代国家の原則にもとづく原理的な批判が成立しうる。そうだとすれば、一九五八年以降の日本において、国が道徳教育に積極的に関与してきたことの根拠は、どこにあるのか。

いや、そんな「根拠」などは存在しないのに、強引に、強権的に道徳教育を推し進めてきたのが、歴代の政府であり、文部（科学）省なのだという主張も成り立つかもしれない。ただまあ、（僕は、そんなラディカリズムを得意とはしていないので）もう少し、推進派の立場に寄り添って考えてみよう。

一つには、学習指導要領に規定されている道徳の「内容」は、人びとの思想・信条や立場を越えて、人類に普遍的に認められた道徳的価値なのだから、それを教えることは、けっして「思想及び良心の自由」には抵触しないといった主張がありうるかもしれない。

学習指導要領に定められた「内容」（徳目）が、本当に普遍的な内容のものだけなのかについては、もちろん慎重な検討が必要であろう。あるいは、言われている「人類に普遍的」というのは、じつは、西欧近代の価値観でしかないのではないか、といったツッコミもじゅうぶんに可能ではある。

しかし、そんなことよりも、この主張は、道徳教育についての原理的な反対論者にたいする「反論」には、じつはなっていないということが重要である。先にも述べたように、この立場の反対論からすれば、道徳教育の「内容」の妥当性が問題なのではなく、内容の如何にかかわらず、国がそれを定めるという「形式」にこそ問題があるとされるからである。

二つめに、子どもたちの道徳意識や規範意識の低下が顕著であるため、また、家庭や地域における道徳教育には大きな期待ができないので、国が乗り出さざるをえないのだ、といった主張があるかもしれない。

この論拠は、「道徳の時間」の位置づけを格上げすることをねらう「道徳の教科化」論者がもちだす論拠でもある。しかし、これまた、道徳的価値を国家が決めるという「形式」じたいを問題視する原理的な反対論者にたいする「反論」としては、見事に論点がすれ違っている。

しかも、だ。よく耳にするフレーズではあるが、〝近ごろの子どもの道徳意識や規範意識が低下している〟という認識は、本当に正しいのか。この点（先の論点の③）については、このあと3節で検討してみることにしたい。

道徳教育と内面の自由

子どもたちの成長・発達において、豊かな道徳性を育むことは必須のことがらである。そのことを否定する者はいまい。しかし、そのための道徳教育に乗り出すことには、国家は、かなりの程度まで抑制的であるべきである。道徳は、個人の内面にかかわることであり、道徳教育が、個人の「思想及び良心の自由」を侵すものになってはならないからである。――こうした立論には、やはり相当な説得力がある。そのことは、率直に認めるべきであろう。

では、こうした「原則」に抵触しない道徳教育、公教育の学校が行なう道徳教育は、ありえないのだろうか。

じつは、あるのではないか。ようするに、道徳教育のベクトルを〝逆向き〟にするしかないのだ――これが、僕の意見である。

一九六〇年代のアメリカで注目を集めた道徳教育の手法に、「価値の明確化」アプローチというものがある。簡単に言ってしまえば、学校や教師が準備した道徳的価値(徳目)を、子どもたちに伝達する(教え込む)というアプローチを排し、子どもたち自身に、みずからが有する価値観について考えさせ、気づかせ、それを明確化させることが、道徳教育の目的であるとしたアプローチである。

となりの机で学んでいる子どもは、もしかしたら自分とは異なる価値観をもっているかもしれない。しかし、無理やりに、それを同一のものにする必要はない。それぞれがみずからの価値志向に自覚的になり、同時に、おたがいに相手の価値観を認め、尊重しあうことができれば、それでよいではないか、と。

「価値の明確化」アプローチは、こうした仕方で、子どもたちの道徳性を高め、道徳的な判断力や行動力を養おうとした(くわしくは、諸富祥彦『道徳授業の革新――「価値の明確化」で生きる力を育てる』明治図書出版、一九九七年、を参照)。

もちろん、このアプローチにたいしては、〝あまりに個人主義的である〟〝子どもがみずからの信じる価値だけを墨守してしまう〟〝異質な他者との共生をうながすような教師の指導性が発揮しにくい〟といった批判は存在していた。ただ、そうした論争の顛末を追いかけることが、ここでの目的ではない。

「価値の明確化」アプローチを絶対視する必要は微塵もないが、しかし、少なくともつぎのことは確認できるだろう。つまり、「価値の明確化」アプローチに立つような道徳教育であれば、国家が道徳的価値（徳目）を定め、それを子どもに伝達するといった「形式」をとらないがゆえに、個人の内面の自由を侵すことにはならない。国家が「道徳の教師」になることを問題視する原理的な批判派にたいしても、その疑念をクリアすることができるだろうということである。

ただし、だ。日本の現在の道徳教育の仕組みにおいては、学習指導要領において道徳的価値（徳目）を〝公定（国定）〟してしまっている。だから、こうした論法は、当然適用できないのであるが。

3◈子どもの規範意識は低下しているのか

少年犯罪といじめ

なぜ規範意識の低下が叫ばれるのか

さて、先に提示しておいた論点の③に進もう。「道徳教育の振興」派が主張するように、子どもたちの道徳意識や規範意識は、本当に低下しているのだろうか。

この問いに正確に答えることは、じつは、かなり難しい。おそらく想像がつくかと思われるが、

「道徳意識」や「規範意識」を的確に測ったデータなどは存在していないし（各種のアンケート調査等は試みられているが）、そもそもなにをもって「道徳的」であるとし、「規範的」であるとするのかについても、個人によって見解が異なってしまう可能性がある。さらに、「低下」と言う以上は、いつといつの時点を比較するのかという問題も出てくる。

ただ、にもかかわらず、「子どもたちの道徳意識や規範意識が低下している」という言説は、相も変わらず世間に蔓延している。一九五八年に「道徳の時間」が導入されたさいにも同じことが言われたはずだから、これはもう、かれこれ半世紀もの歴史をもつことになる。

そんなに長期間「低下」しつづけているのだとしたら、この社会なんて、もうとっくの昔に手のつけられない〝無法状態〟になっていてもおかしくないのではないか、などとつい思ってしまったりもするのだが（笑）。

道徳意識や規範意識が低下しているかどうかは、正確にはわからない。低下しているかもしれないし、そうでないかもしれない。それにもかかわらず、なぜ、「低下」が主張されつづけるのか。こちらのほうを考えてみる必要があるだろう。

まず、だれでもが思いつくであろう理由は、世代間のギャップだ。

ごく普通に考えると、戦後の日本社会は、時間の経過とともに「自由」を拡大し、個人の行動の「選択肢」を増やす方向に変化してきた。当然、古い社会環境に育った大人たちが享受した自由の範囲は、現在の社会環境に育つ子どもたちの自由の範囲よりも狭い。大人たちの目には、いまどきの子どもは、自分たちの時代には「制約」されていたことが「制約」されていないと映る。

通常、人の行動を「制約」するのは、法律（違反すると罰せられる）か、道徳（良心にもとづいて自発的に抑制する）である。戦後の日本においては、法律による人びとの行動規制が極端に強められたり、弱められたりはしていないと仮定すると、大人世代と子ども世代を分けるものは、「道徳」しかない。つまり、子どもたちの行動が、以前よりも自由（＝〝放縦〟？）になっているのは、道徳教育が足りないからだ。――まあ、大人たちがもちだすのは、せいぜいこんな論法である。

性にかかわる道徳や規範、あるいは、「男らしさ」「女らしさ」にかかわる規範――念のために言っておくと、僕は、こんなものが必要であるとは思っていない。が、必要だと思う人にとっては、という意味である――を考えると、わかりやすいかもしれない。

しかし、こうした世代間ギャップにもとづく「道徳意識・規範意識の低下」論は、子どもたちからすれば、〝大きなお世話〟をとおり越して、大迷惑でしかない。「低下」したのは、本当は、この社会全体の規範性の水準なのであって、その責を子どもたちだけが負わされるのは、たまったものではない。

だいたい、「目上を敬う」とか「親孝行」とか「物を大切にする」とか、保守的な「道徳教育の振興」派が守らせたいと思うのであろう規範を最初に破りはじめたのは、すでに〝立派な〟大人になっている人たちではなかったのか。いまどきの子どもたちは、そうした大人たちの姿を見て育ったのである。

じつは減少している少年凶悪犯罪

もう一つ、道徳意識や規範意識の低下を人びとに想起させる原因になるのは、子どもたちの逸脱行動であろう。

ときに起きる、世間を震撼させるような少年による凶悪犯罪。ときには被害者の子どもを自殺にまで追い込んでしまういじめ事件など。そういえば、教育再生実行会議の第一次提言（二〇一三年）が、最初に「道徳の教科化」の提案を行なった背景にあったのも、二〇一一年に大津で起きたいじめ自殺事件であった。こうした社会的インパクトのある少年事件は、たしかに人びとの不安をかきたてるのにじゅうぶんであり、道徳教育の推進キャンペーンにとっては格好の材料となる。

しかし、そうした不安や道徳教育の必要性を声高に叫ぶ声が、根拠のある事実を越えた「モラル・パニック」（偏見や誤解、誇張された認識によって社会不安が起きること）に発したものでないのかどうかについては、冷静で慎重な検討が求められる。

少年犯罪について言えば、たしかに猟奇的で目を覆いたくなるような事件も、ときとして起きている。「酒鬼薔薇聖斗《さかきばらせいと》」を名乗る少年による神戸での連続児童殺傷事件（一九九七年）、十七歳の少年による西鉄バスジャック事件（二〇〇〇年）、佐世保市の小学六年生の女児が同級生からカッターナイフで切りつけられて死亡した事件（二〇〇四年）、十八歳の少年が花火大会からの帰り

少年刑法犯検挙人員と少年・成人刑法犯人口比の推移

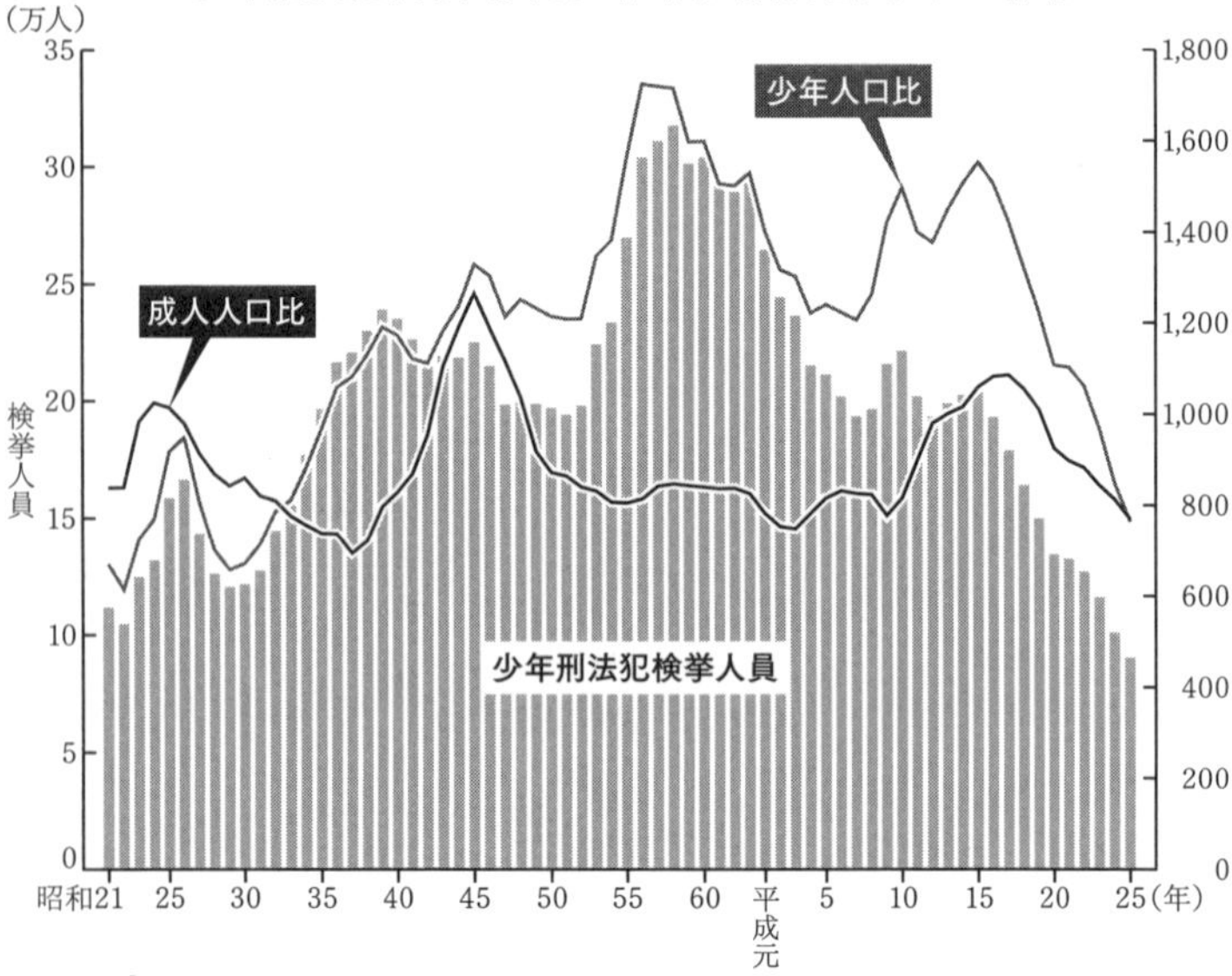

※「少年人口比」は、10歳以上の少年10万人あたり、
「成人人口比」は、成人10万人あたりの、それぞれ刑法犯・一般刑法犯検挙人員

少年による凶悪犯罪検挙人員

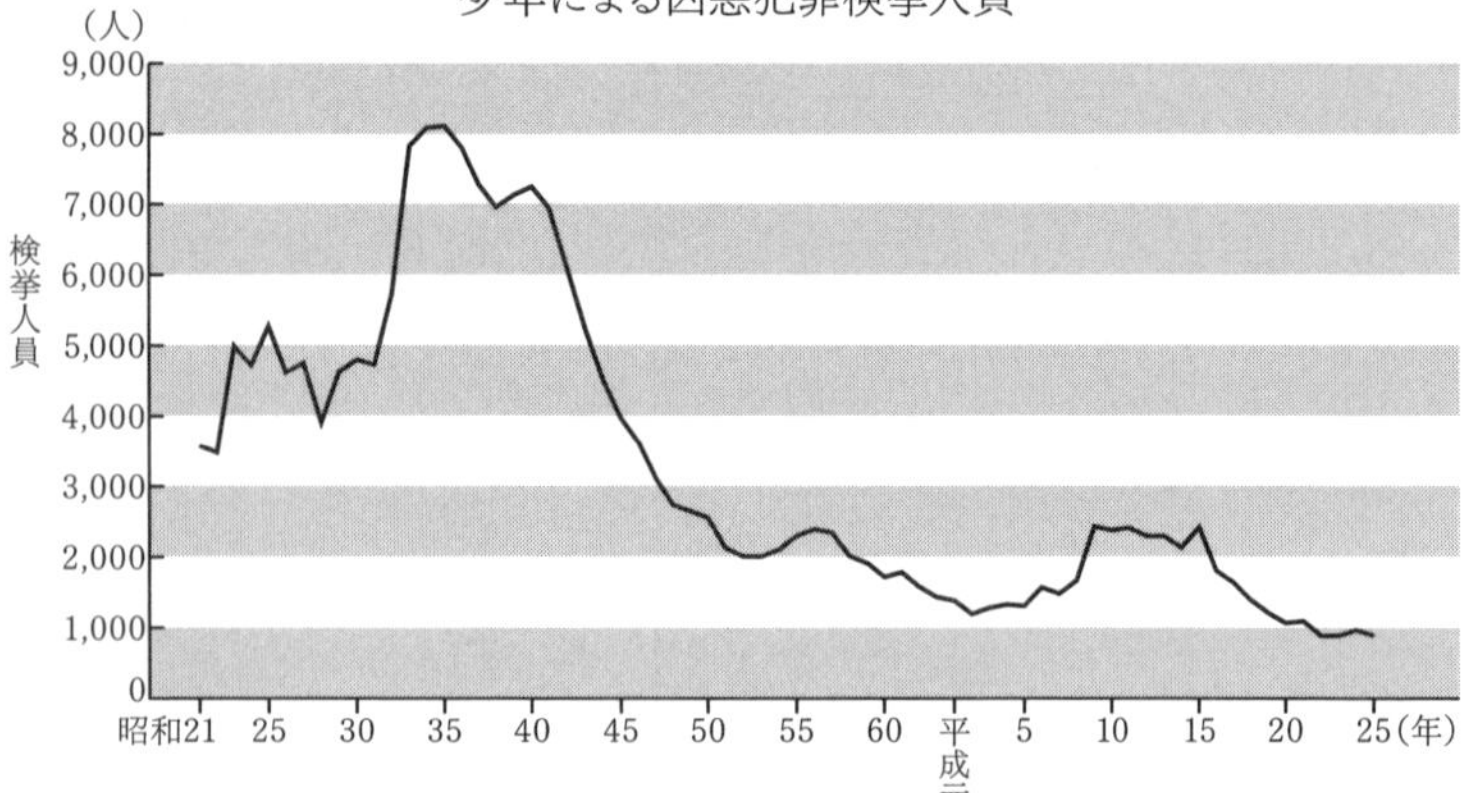

【出典】法務省『犯罪白書』(平成26年版)より作成

道の中学女子生徒を殺害した三重県での事件（二〇一三年）等々、いまだ記憶に新しい事件も少なくない。

しかし、そうした特殊ケースにだけ注目して、日本中の子どもたちの「心の荒廃」や規範意識の欠如を結論づけるのは、明らかに〝暴論〟である。実際、前ページのグラフを見てもらいたい。一般刑法犯の検挙人員（上グラフ）の場合には、いわゆる「暗数」（軽微な事件の場合、警察の扱いによって、検挙になったり、ならなかったりするという意味で、隠れた数値が存在するということ）の問題も含めて、かならずしも統計が正確であるとは限らない。しかし、近年になって急に、少年犯罪が増加しているわけではないことは、明らかに読みとれるだろう。

さらに、「暗数」を意識しないですむ凶悪犯（殺人、強盗、強姦、放火／下グラフ）について言えば、戦後の推移で見れば、明らかに減少してきている。その意味で、よほどのアクロバティックな〝論理〟でももちださないかぎり、ここから、子どもたちの道徳意識や規範意識の低下を結論づけ、道徳教育の強化の必要性を導き出すことは難しいはずなのだ。

道徳教育はいじめ問題を超えられるか

では、いじめ事件の場合は、どうか。

「葬式ごっこ」の言葉とともに記憶に刻まれた東京・中野区の鹿川裕史君のいじめ自殺事件（一九八六年）、その「遺書」の存在によって壮絶ないじめの実態を示した愛知の大河内清輝君のいじめ自殺事件（一九九四年）、近年では、滋賀県大津市の中学二年生がいじめを苦に自殺した事件（二〇一一年）など、社会的な関心を集めたいじめ自殺事件は、けっして少なくない。

しかし、これらの事件は、日本中の学校現場で起きているいじめの「代表」事例ではけっしてない。その〝突出ぶり〟こそが、強調される必要がある。いじめは、たしかに日常的に起きているが、そのすべてが、こうした「事件性」を帯びているわけではないのだ。

ただし、だ。こと、いじめ問題にかんしては、社会問題化するいじめ事件が〝突出〟したものだからといって、学校の日常に蔓延する通常の、「事件性」を帯びないいじめは問題とする必要がない——それを問題視するのは、社会のがわの「モラル・パニック」だ——などと主張する勇気は、じつのところ、僕にはない。

少年犯罪の場合にも、凶悪な犯罪事件が起こる背後には、子どもたちによる万引き、窃盗、恐喝といった軽微な犯罪の増加が、その「暗数」も含めて、裾野に広がっていた可能性はある。しかし、そうだとしても、そうした軽微な犯罪と殺人に至るような凶悪犯罪のあいだには、明らかに容易には乗り越えられない「飛躍」がある。どの子もかんたんに〝ルビコン川〟を渡ってしまうわけではないからだ。

しかし、いじめの場合には、学校の日常に蔓延しているいじめと、被害者を死にまで追いつめてしまういじめのあいだは、じつは〝ルビコン川〟を渡るほどの「飛躍」はなく、あんがいに「地続き」なのかもしれない、と僕は考えている。

また、子どもたちのがわにはその自覚がなくても、最近のインターネットやSNSなどを利用したいじめの実態を見ていると、それが、被害者にたいしては、いじめるがわが〝ルビコン川〟を渡ったのと同じくらいの〝破壊力〟を容易にもってしまっていることもわかる（名称を出してしまうが、LINEを使ったいじめなどは、本当に「完全犯罪」に近いものがある！）。そうした意味で、この問題は、かなり〝コワイ〟のだ。

子どもたちのなかには、それぞれの心の奥底において、「他者」にたいする共感能力が低下し、「異質」にたいする寛容さが失われて、「人間的無感覚さ」（村山士郎「子どもの攻撃性と人間的無感覚さの進行」、堀尾輝久ほか編『講座学校』第四巻［子どもの癒やしと学校］所収、柏書房、一九九六年、を参照）が進行しつつあるのではないか。こう言いきってよければ、いまどきの子どもたちには、他者の痛みへの「想像力」が、認識としても、身体感覚としても、欠如してしまっている可能性も否定しえない。

もちろん、「共感」にしても「寛容」にしても、現代の子どもたちが、そうした能力を完全に失ってしまっているとは、けっして思わない。しかし、そうした感覚が衰弱し、共感や寛容よりも、その時点、その時点での仲間との「同調」やノリ、面倒な事態を避けたいとする「逃避」的な感覚が、それらに勝ってしまっているのだとしたら……。結果として、他者の痛みへの「想像力」が後手にまわってしまっている可能性は否めない。

子どもたちには、「他者」にたいする共感や「異質」にたいする寛容の精神を育てていく教育が必要である。「人間的無感覚さ」ではなく、〝一線を越えて〟しまうことのないような、まっとうな「人間的感覚」を取り戻してもらう必要がある。そのための環境醸成や働きかけや教育を「道徳教育」や「心の教育」と呼ぶのであれば、そう呼んでもよい。そして、それは、おおいに推進されるべきものであろう。

しかし、この国の「道徳教育の推進」論者らが考えている道徳教育は、残念ながら、そうした内実をもっているようには思えない。あまりに「子ども不在」の発想で、国が定めた道徳的価値(徳目)を、「愛国心」や「国家の発展」への貢献も含めて、子どもたちに教え込んでおけばよい、と考えているようにしか思えない。しかし、そういう教え込みをすれば、子どもたちが健全な「人間的感覚」を取り戻すはずだなどという「夢想」は、おそらく何百年経っても実現しないだろう。

行動と心のゼロ・トレランス

少年犯罪といじめ事件についてふれたので、少しだけ補足を。

少年犯罪や少年非行と言えば、二〇〇〇年代以降の政策的対応は、いわゆる「ゼロ・トレランス方式」という考え方を基調としはじめている。ゼロ・トレランスとは、一九九〇年代以降のアメリカで急速に普及したもので、簡単に説明してしまえば、子どもの逸脱行動にたいしては、いっさいの「寛容」(トレランス)を認めずに、厳罰主義で対処するというものである。「毅然とした対応」などと訳されることもある。

日本では、二〇〇〇年の少年法の改正で、少年にたいする刑事処分を可能とする年齢が、「十六歳以上」から「十四歳以上」に引き下げられた。さらに、二〇〇七年の改正では、少年院送致の対象年齢が、「おおむね十二歳以上」と規定された。

少年事件にかんしては、明らかに「厳罰化」が進んできている。じつは、いじめ問題にかんしても、悪質ないじめの加害者にたいしては、「出席停止」の措置を取ることも可能である旨が、再三、強調されてきたという経緯もある（文部科学省初等中等教育局長通知「出席停止制度の運用の在り方について」二〇〇一年十一月六日、など）。

また、近年では、学校における生徒指導においても、この「ゼロ・トレランス方式」が導入されはじめている。校則にもとづく厳罰主義を徹底し、累積の違反点数が限度に達した者には処分も辞さない、という指導の方式である。

こんなやり方で、逸脱行動に至ってしまった子どもたちの内面や、逸脱行動に至らせた背景的な要因に寄り添い、その立ち直りを期待することができるのか、僕には信じられないところがある。表面的には「秩序」が保たれるかもしれないが、問題や矛盾は、どんどん水面下に〝潜伏〟し、堆積し、いずれは〝マグマのように〟吹き出すだけなのではないか、と思わざるをえない。しかし、ゼロ・トレランス方式の普及こそが、現状なのである。

考えてみれば、いま声高に叫ばれている道徳教育の振興は、こうしたゼロ・トレランス化の動

き と表裏一体となり、補完関係をなすことが期待されているのかもしれない。

つまり、「行動」の次元については、厳罰主義の徹底によって、有無を言わさずに押さえ込む。そして、〝失敗〟からみずから学んでもらう。同時に、そうした行動を起こさせないような「内面」の次元は、道徳教育によって涵養する。両者は、ハードかソフトかといった〝風当たり〟の違いはあるが、ともに、子どもたちを一定の「秩序」内に囲い込むための両輪である。その意味での道徳教育は、言ってしまえば、「心のゼロ・トレランス」推進のためのツールにほかならない。

異文化としての子ども

それにしても、為政者たち、もう少し広く言えば、大人たちはなぜ、こんなにまでして子どもを押さえつけ、〝囲い込み〟たがるのだろうか。

そこにはおそらく、自分たちの「理解」の範囲内、自分たちが「掌握」し、「コントロール」できると思われる行動の範囲内を、軽々と乗り越えてしまう子どもという存在への「恐れ」があるのだろう。「いまどきの若者は」という言葉が、古代エジプトの遺跡にも象形文字として刻まれていたというのは有名な話であるが、じつはそれと似ている。

世代間ギャップについては、先にも述べた。しかも、これだけの社会変化の早さである。サブカルチャーが多様化し、子どもや若者の価値観も多元化し、同時に「個人化」している。子どもたちの世界には、大人たちには理解できないことが、日々、起きてもいるのだ。子育て中の親や、学校の教師といった職業にある者にとってはともかく、ごく普通の大人たちにとっては、いまどきの子どもと若者は、おそらく完全なる「異文化」に住む人間である。

本当は、彼らは「異文化」であるからこそ、この社会と文化に新しい風を吹き込み、社会や文化を革新していくプロモーターにもなりうる存在である。しかし、それは同時に、大人たちを〝怯えさせる〟存在でもある。

〝平時〟であれば、もしかすると大人のがわも「我慢」ができ、子どもや若者にたいしても「寛容」でいられるのかもしれない。しかし、人心を震撼させるような少年犯罪が起きたり、いじめによる自殺事件が起きて、大きな社会問題になったりすると、大人たちの「寛容」は、一気にその〝閾値《いきち》〟を低下させる。

そして、そんな「好機」にこそ、道徳教育の強化やゼロ・トレランスの実質化を求める声が、一気呵成に飛んでくるのである。そこには、多くの大人たちの「同調」や、消極的であったとしても「同意」が集まることにもなる。

こう見てくると、道徳教育の推進・振興のサポーターには、じつは、二つの層があることがわかるだろう。

第一の先導的な層は、日ごろから子どもたちの規範意識や道徳意識の現状を危惧しており、〝祭典〟(=人びとの道徳的な「モラル・パニック」)のチャンスがあれば、顔には〝日の丸ペイント〟をして、スタジアムに出かけていく人びとである。しっかりとした〝戦い〟(=道徳教育の強化)

をすることを応援し、あわよくば〝ベスト8進出〟（＝「国家の発展」への貢献の意識）や〝優勝〟（＝愛国心）を夢見ている。この層は、自分たちだけで盛り上がることもできるが、やはりつぎに述べるような第二の層の支持が得られるときに、俄然、勢いづいてくるし、元気が出る。

第二の層は、いわばフォロワーである。日ごろはそれほどの関心があるわけではなくても、いざ〝祭典〟となると、そわそわしてくる。〝試合〟の日には、自宅の茶の間でテレビのチャンネルを合わせる。なかには、〝日の丸ペイント〟まではしないけれども、代表チームのユニフォームをちゃっかり着込んでいる者もいる。そして、結局、試合を見ているうちに、しだいに第一の層のサポーターたちと同じひとつの気もちになっていく。

これが、この国の戦後において、ことあるごとに「道徳教育の振興」が叫ばれ、それが一定の社会的な同調（支持）を獲得してきた〝カラクリ〟である。第一の層だけではやれないことも多いが、第二の層を動員できたときには、大きな社会的な力を発揮する。

ただ、同時に、これだけは確認（注意）しておきたいことがある。

こうした道徳教育の推進・強化の盛り上がりは、いったいだれのためのものなのか。子どもたちのためのもの、と言いきれるのか。もし仮に、それが、「異文化としての子ども」に怯える大人たちの「安心」のためだったとしたら……。

なんとも転倒した事態である。他者への「共感」と異質にたいする「寛容」を教えられるべきは、いったいだれなのか。子どもたちを〝教育〟しようと躍起になるがわこそが、じつは、教育される必要があるのではあるまいか。

4◈第三のアクターとしての「大衆的気分」　よりましな道徳教育へ

道徳教育をめぐる論争の構図

さて、書くべきことは、以上でほぼ尽きつつある。

ここまでの論述で、戦後のこの国における「道徳教育」をめぐる論議が、なぜつねに対立含みになり、なぜねじれてしまうのか、そして、なぜ子どもたちを置き去りにしたまま進んでしまうのかについて、ご理解いただけただろうか。

要約すると、それは、次ページのような「構図」になる。

主要なアクターは、「道徳教育の振興派」「道徳教育への批判派・懐疑派」「大衆的気分」である。いうまでもなく、このうちの前の二者は、鋭い緊張・対立関係にある。これまでにも、実際に論争を展開してきた。しかし、この二者には、共通項もある。いずれも戦前の修身科の「亡霊」を意識しているという点である。

「振興派」は、修身科が実現していたような道徳教育と社会秩序の再興を願い、あわよくば、「愛国心」や「国の発展」に貢献する心の育成につなげたい、と考えている。「批判派・懐疑派」

道徳教育をめぐる論争の構図

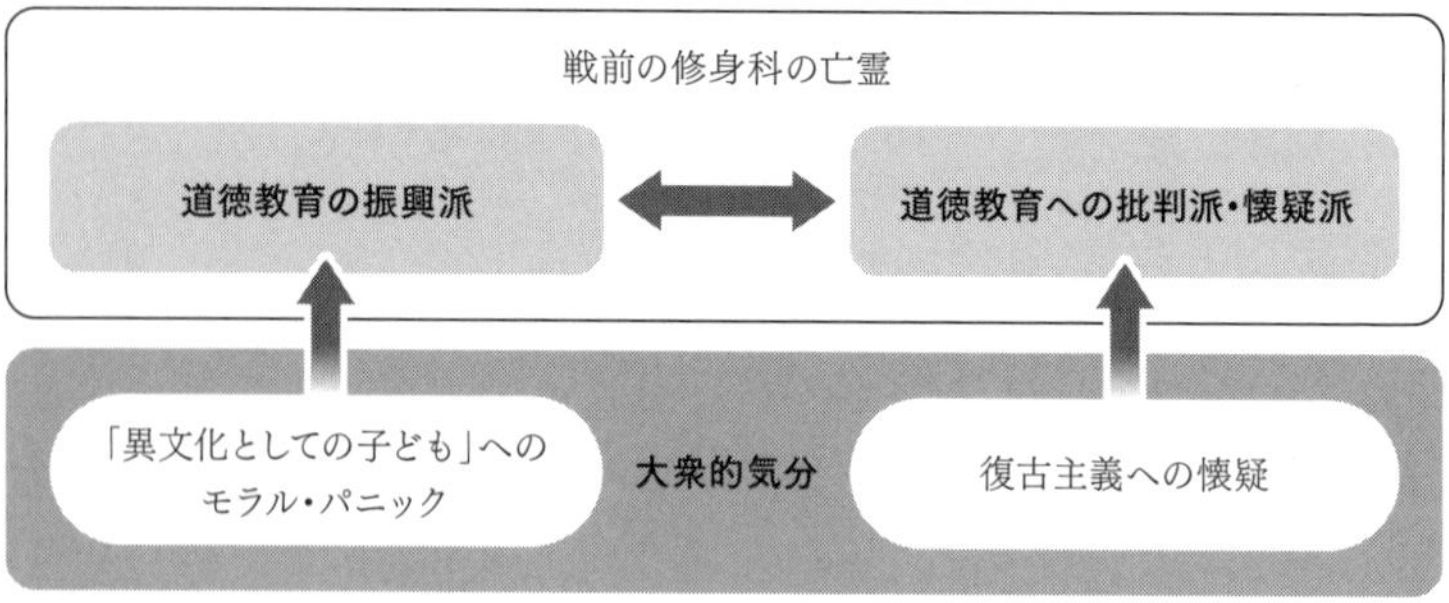

は、まさにこの〝修身科的なもの〟の復活を警戒し、批判する。この対立構図は、政治的なイデオロギー対立ともぴったりと重なる。

では、ときどきに「道徳教育の振興」方策が出されたさい、論争の行方を左右したものは、なんだったのか。じつは、そこでキャスティング・ボートを握ったのが、第三のアクターである「大衆的気分」であった（このアクターは、政治的イデオロギーのように、一方の極に固着するわけではなく、ときどきの状況で揺れ動くので、あえて「気分」と名づけることにした）。

この「大衆的気分」が、猟奇的な少年犯罪やいじめ事件の勃発を通じて、「異文化としての子ども」への畏怖に傾くとき、それは、「道徳教育の振興派」への強力な追い風を吹かせる。逆に、保守政治家を中心とする道徳教育の強化の動きに、戦前回帰的な匂いを嗅ぎつけ、日本がふたたび「戦争のできる国」となることを憂慮するような空気となる場合には、「批判派・懐疑派」への追い風となる。

戦後史の流れで言えば、この「気分」は、早い時期には「復古主義への懐疑」のがわに、その大半が吸い寄せられていたのかもしれないが、現在では、しだいに「異文化としての子ども」へのモラル・パニックのがわに、かなりの部分が同調しているようにみえる。

ただ、強調しておかなくてはいけない。

すでに述べたように、道徳教育をめぐるこうした論争の「構図」、対立・緊張を含んだ議論の「磁場」は、結局のところ「子ども不在」だったのではないかということだ。もちろん、「振興派」にしても「批判派・懐疑派」にしても、「子どものため」という論理を媒介させて、みずからの主張を組み立てている。「大衆的気分」がこのどちらかになびく場合も、おそらくはそうだ。しかし、それは本当に、「子どものため」だったのか。

いじめ問題のところで書いたように、現在の子どもたちには、道徳的発達のうえでの課題がないわけではない。「人間的無感覚さ」が本当に進行しているのだとすれば、それはそれで、教育的に（学校教育だけの課題ではないが）対処されるべき状況にある。

いじめの加害者も傍観者も、心の奥底では、あるいは麻痺しかけている感覚を覚醒させることができれば、〝こんなことをしている自分〟を快く思いはしまい。被害者だって、状況が変われば、加害者や傍観者のがわにまわってしまうかもしれない自分を感じているのかもしれない。

にもかかわらず、子どもたちは、いじめという「アリ地獄」に捕捉され、身動きがとれないでいる。本当は、そこから一歩踏み出すための勇気と判断力と行動力を獲得させる教育こそが必要なのであるが、少なくとも現在の道徳教育は、その地平に届くことができていない。

教育研究者として僕は、断言してもいい。――いじめを〝根絶〟することなど不可能である。そこに「子ども社会」があるかぎり、いじめは起きる。しかし、起きてしまったいじめを、子どもたちが自分たちで解決し、乗り越えていく、そんな「自己治癒力」を獲得させることは、けっして不可能なことではない、と。

では、なぜ、そうした教育論義が、道徳教育の論議ができないのか。それは、すでに述べたような道徳教育をめぐる論争の「磁場」が、こうした議論の地平よりもはるかに抽象的な、イデオロギー含みの〝中空〟においてのみ、論争や議論を堂々めぐりさせてしまうからではないのか。

よりましな道徳教育の模索

いったい、この国の道徳教育はどうなってしまうのか。「悲観的」な要素が多すぎて、なかなか明るい未来は描けないのだが、しかし、悲嘆に暮れているばかりでは能がない。

じつは、先の「構図」には書き込まなかったのだが、現場教師たちのなかには、道徳教育の「抜本的な」改革をめざすのではなく（そこは断念して）、日々の「道徳の時間」の授業を〝よりまし〟なものにして、少しでも子どものニーズに寄り添おうとする動きがある。

ようするに、こういうことだ。公教育の学校である以上、現に小・中学校には週一時間の「道徳の時間」が存在している。かつてであれば、この時間は、学校行事等の準備に当てたり、

ＮＨＫの教育テレビの道徳番組を見せたりしてお茶を濁す、といった〝サボタージュ〟戦術もありえたかもしれない。しかし、現在では文科省や教育委員会による締めつけが強く、そんな〝芸当〟は、とうていできない。

そうであれば、現にある「道徳の時間」を積極的に活用して、学習指導要領には可能なかぎり縛られずに、自由な創意工夫でもって、授業の内容を子どもたちのためのものにしよう、という発想が生まれてきたのだ。

実際には、さまざまなグループや研究団体が立ち上げられており、こうした動きの内部も、かならずしも一枚岩ではない。「官製」にわりと近いと思われるところから、「民間」色バリバリのところまである。詳細を紹介している余裕はないが、こうした教師たちによる活動のなによりの意義は、端的に言って、道徳教育を「国家の手」から「教師たちの手」に取り戻そうとしている点にある。

いまや国は、学習指導要領で教えるべき「内容」（徳目）を指定するだけでは気がすまず、『心のノート』や『私たちの道徳』によって、子どもたちに直接〝語りかける〟ところにまで、道徳教育に〝前のめり〟になっている。それを巧みにすり抜けつつ、子どもにより近い存在である教師たちの手に、子どもの実態や発達上のつまずきや課題を熟知している教師たちのがわに、道徳教育を取り戻すことがめざされている。

そして、こうした授業実践のなかからは、〝つまらない〟〝退屈〟〝息抜きの時間〟〝先生が生徒に言わせたい答えが透けて見える〟などと、子どもたちに言わせない道徳の授業が、実際に登場してきている。そのことじたい、特筆すべきことであろう。

こうした取り組みと努力には、素直に敬意を表したい。そして、実践家のスタンスとしては、それでよいと考えている。ただ、研究者の立場からすると、せっかくの教師たちの努力を、現行の道徳教育の仕組みという〝窮屈な〟枠に押し込めてしまうのはもったいないとも思う。教師たちの発意と取り組みを発展させていくためにも、道徳教育の「枠」そのものを変えていく必要があるのではないか。

最後に、そのための基本的な視点について問題提起して、この章を閉じよう。

公教育としての道徳教育の限界——新しい道徳教育論のために①

まず、教育論にはありがちなことなのだが、子どもたちの道徳性や規範意識にかかわる問題や課題を、すべて道徳教育によって「解決」できると考えるような発想を捨てなくてはいけない。

公教育として学校が行なう道徳教育には、当然のことではあるが、おのずと「限界」がある。道徳教育には「できること」と「できないこと」がある。

保守的な政治家たちの〝悲願〟である「愛国心」の教育にしても、家庭や地域コミュニティ、さらには社会全体がその必要性を認め、それを後押しするような意識と環境を整えていけば、もちろん学校教育にやれることは数多くある。しかし、逆に、家庭や社会のなかに、「愛国心」にたいする危惧や懸念が渦巻いていたとしたら、学校教育がいくら躍起になったとしても、そこでの教育の効果に多くを期待することはできない。教科教育の世界とは違って、道徳教育とは、しょせんはそんなものなのだ。

そして、それだけではない。公教育としての道徳教育では、そもそも「やってよいこと」と「やってはいけないこと」がある。

比較教育学的な視点で見れば、欧米における道徳教育は、宗教教育と密接不可分な関係にある。むしろ、日本のように「道徳の時間」を設置している国は珍しく、多くの国では、「宗教（教育）の時間」をそれに代替させている。

もちろん、キリスト教が支配的な国であっても、国内のそれぞれの宗派の違いには最大限の配慮がなされる。宗教の時間だけは、子どもたちが宗派別のクラスに分かれて学ぶ、あるいは、宗派を越えて共通して学習することのできる教育内容を各宗派の協議によって定める、といった慎重な扱いがなされるわけである。

じつは、日本の学校教育法施行規則においても、第五十条には、

――私立の小学校の教育課程を編成する場合は、前項の規定にかかわらず、宗教を加えることができる。この場合においては、宗教をもつて前項の道徳に代えることができる。（傍点は、筆者）

と定められている。これは、第七十九条によって「中学校に準用する」とされる。つまり、私立学校においては、教科や特別活動については、公立学校に準ずることが求められるが、こと道徳教育にかんしては、「道徳の時間」を置かずとも、それを「宗教」で代替することができるのである。

ことほどさように、道徳と宗教は、きわめて接近した位置にある。そうであれば、「政教分離」を大原則とする近代以降の世俗国家が道徳教育に乗り出す場合には、当然、「やってはいけないこと」が存在するはずである。宗教が担当すべきである領域、個人の内面や良心に属する領域については、国家は抑制的であるべきである。そこへの国家の介入は許されない。それは、基本的には家庭教育の領分であり、そこに宗教が介在するかどうかは、それぞれの家庭の判断に任される。

ただ、僕自身は、すでに述べた道徳教育への「原理的」な批判派のように、道徳教育の内容を国が関与するという「形式」じたいが、根本的に間違っているとまで主張するつもりはない。もちろん「内容」によるのだが、生命の尊重、人権、平和や民主主義、両性の平等、マイノリティや多文化の尊重、共生といった、人類が長い年月をかけて確認してきた普遍的な価値にかんしては、それを家庭教育に〝丸投げ〟してしまうのではなく、公教育としての道徳教育が積極的に関与し、子どもたちに伝えていく必要があると考えている。

ただ、それでも重要なのは、それ以上の「個人の内面」にかかわる微妙な領域には、公教育としての道徳教育は、けっして踏み込まないということである。

この国が、この国の道徳教育が、この点についてきちんと「遵守」し、そのことへの「信頼」を得ることができれば、暗礁に乗り上げているかに見える現在の道徳教育をめぐる論議も、「子ども不在」という不毛な泥沼から抜け出て、大きく前進していくことができるのではないか。

価値多元主義を前提とした道徳教育――新しい道徳教育論のために②

いま述べたことは、結局のところ、子どもたちに公定の道徳的価値（徳目）を伝達するといったこれまでの道徳教育のスタイルを、「価値多元主義」を前提とした枠組みへと転換していくことを必要とする。

もちろん、先に述べたような普遍的な価値にかんしては、子どもたちが共通にそれを獲得することを目標にしてよい。しかし、個人の内面にも深くかかわり、個人によって判断が分かれる可能性のある価値にかんしては、その獲得を一律にすべての子どもに求めることはしない。むしろ、子どもたちには、異なる見解や信条がありうることを理解させ、異なる価値観の者どうしでの「寛容」と「相互尊重」の精神を身につけさせることがめざされるべきである。

簡単に言ってしまえば、道徳教育のベクトルがひっくり返るのである。従来の道徳教育では、出発点に道徳的な諸価値（徳目）があり、それを子どもたちに伝達することがゴールであった。しかし、これからの道徳教育においては、出発点は、道徳的な判断主体としての子ども自身にある。ゴールは、社会生活の基本的なルール、人類が歴史上積み上げてきた普遍的価値といったものについては、子どもたち全員が獲得することをめざすが、内面の自由に任される領域も残る。——およそ、こんなイメージである。

子どもを容体から主体へ、枠組みを転換する

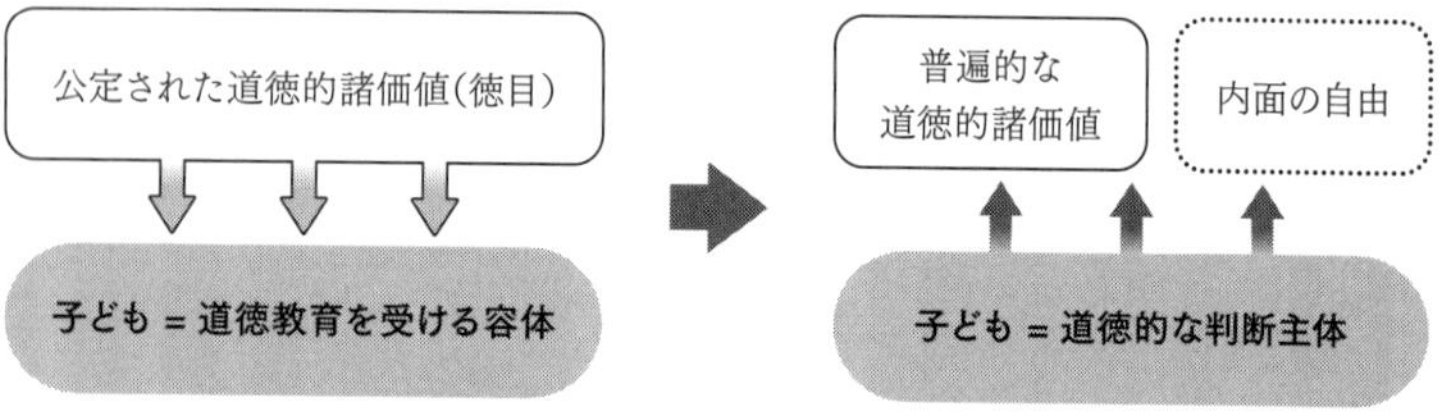

強調しておきたいのは、ここに提案している道徳教育のスタイルは、けっして教育の放棄ではないし、道徳や価値の領域に、ウルトラ個人主義的な、言ってしまえば、〝なんでもあり〟の世界を現出させようとするものでもないという点である。

新しい道徳教育のスタイルにおいては、たしかに、最終的に道徳的価値を選びとるのは、子ども自身である。しかし、学校や教師は、その選びとるプロセスを手放しで見ているわけではない。道徳教育は、子どもが特定の価値を選択することの根拠、それを選ぶことのメリットとリスク、そのことが他者におよぼす影響、等々について、最大限に配慮し、熟慮することを求める。そのことを通じて、子どもたち自身の道徳的な「判断力」を高めることを目的とするのである。

最終的に選択するのは子ども自身であるとしても、その判断のプロセスを、みずからの狭い経験や〝思い込み〟に近い信念にもとづかせるの

ではなく、より開かれた認識や、異質な他者への配慮を含めて考慮できるようにすることは、立派な道徳教育の営みである。

「道徳の時間」の限界——新しい道徳教育論のために③

右のような意味で、子どもを道徳的判断の主体に育てることを目的とする道徳教育を構想するには、「道徳の時間」を充実・改善しさえすれば（その亜種が、「道徳の時間」を教科化すれば、という政策提案なのであるが）、道徳教育がよくなるなどと短絡するような発想からも訣別しなくてはいけない。

じつは、学習指導要領においても、小・中学校には週一時間の「道徳の時間」が設置されるが、しかし、道徳教育には、教科や特別活動、総合的な学習の時間を含めて、学校教育全体で取り組むべきであると規定されている。だから、高校においては、「道徳の時間」は存在しないが、高校教育は、道徳教育に取り組まなくてよいわけではなく、高校教育全体を通じて道徳教育に取り組むこととされているのである。

この枠組みを、ただの〝タテマエ〟にしてしまうのではなく、実質的なものにする必要があろう。「徳目」を教え込むだけの道徳教育であれば、「道徳の時間」だけでも足りるかもしれない。しかし、道徳的な判断力を育てるというのは、そういうことではない。学校生活のあらゆる場面を通して、子どもがみずから考え、判断するための根拠を探し、選択をする。その選択についてのフィードバックを受けて、また考え、判断するといったことをくり返す機会や場を創るということである。

もちろん「道徳の時間」が、そうした日常的な判断やみずからの価値的な志向性を子ども自身がふり返り、内省する場となる。あるいは、それまでには考えたこともなかったような教材が提供されて、熟慮と判断のプロセスやスキルについて深く学ぶような場となることはある。ただ、忘れてはならないのは、そうした「道徳の時間」と学校生活全体を通じた道徳性の育成は、有機的に結びあわされるべきだということだ。

日常の教室空間を、日ごろの学校空間を、子どもたちが道徳的な判断力を養う場としていくこと、みずからの判断結果についての適切なフィードバックをもらい、異質な他者とも意見交換ができる場とすることが、さしあたり新たな道徳教育のスタイルがめざす方向であろう。

シティズンシップ教育のほうへ——新しい道徳教育論のために④

先に、欧米諸国の多くでは、道徳教育を「宗教の時間」に代替させていると書いた。ただ、伝統的にはそうした体制をとってきた国においても、近年では、「宗教の時間」とは別に、市民としての倫理や権利・義務を学ぶことを軸にした教科等を設置する国が増えてきている。

イギリスでは、二〇〇二年から中等教育段階で「シティズンシップ教育」が必修化され、子どもたちに、政治的リテラシーを育成するとともに、社会的・道徳的責任について学ぶ機会が提供されている。ドイツでも、「生活形成・倫理・宗教」といった教科領域の設置を試行する州が現れ、フランスでも、一九八五年に初等教育と前期中等教育に「市民教育」という教科が導入され、一九九九年には後期中等教育に「市民・法律・社会教育」という教科が設置されている。

これらの動きに共通するのは、子どもたちの道徳性の育成を「宗教教育」プラス「シティズンシップ教育」（市民性を育てる教育）によってはかろうとする志向性である。この章での主張に引きつけて言えば、個人の内面や良心にかかわる側面は、宗教に委ねて子ども自身や家庭の裁量を尊重しつつも、公教育が行なう道徳教育では、より積極的に「市民」や社会の「構成員」を育成することを重視しようというものである。

この国の道徳教育も、そろそろこうした方向への重点のシフトを構想してもよいのではないか。戦後の教育においては、教育基本法が「良識ある公民として必要な政治的教養は、教育上尊重されなければならない」（第十四条。改正前の旧法では、第八条）と定めてきたにもかかわらず、「政治的教養」を獲得させるための教育は、じゅうぶんに活性化してきたとは言えない事情がある。それには、さまざまな経緯や教育政策上の問題点もあるのだが、ここでは立ち入らない（くわしくは、田久保清志「生徒の自治と学校改革」、佐伯胖ほか編『岩波講座　現代の教育――危機と改革』第二巻「学校像の模索」所収、岩波書店、一九九八年、を参照）。

少なくとも、子どもたちを将来社会の担い手である「市民」や、この社会のまっとうな「構成員」（念のためにつけ加えておくが、社会の「一員」ではない）へと育てていくことは、学校教育に課せられた重要な課題である。そうした市民性を形成していくためには、人間としての道徳性を培い、道徳的な判断力をもった子どもを育てていくことが不可欠である。市民性の教育と道徳教育は、密接不可分な関係にある。

もちろん、すべてがそこに包含されてしまうわけではないとしても、政治的・社会的に争点が存在するような課題について、子どもたちが考察したり、意見を戦わせたりすることを通じて、市民的な判断力を身につける。――このプロセスは、社会の構成員としての子どもたちに必要な道徳的判断力の育成にも大きく貢献するものであろう。

この国の道徳教育が、大きくこうした方向にシフトできるならば、つまり、「子ども不在」のままに大人だけが言い争うような道徳教育を改めて、「子ども主体」の道徳教育をめざすことができるならば、そこには、これまでの辟易とするようなイデオロギー対立や論争の〝軛《くびき》〟から解放された、新たな道徳教育の姿が立ち上がってくるように思うのだが、いかがだろうか。

第2章

ゆとり教育か、学力向上か？

「ゆとり教育」は、いまでは完全にマイナス・イメージの言葉になりはてた感がある。たとえば、近年の若者を揶揄する言葉である「ゆとり世代」は、この「ゆとり教育」なるものを、どっぷりと受けてきた世代であるという意味で使われた。そして、そこには、肯定的な響きは感じられない。むしろ、競争に揉まれてきていないから、打たれ弱く、ガツガツとした意欲に乏しいといったイメージが刻印されている。

しかし、この国の教育界において「ゆとり」や「ゆとり教育」の歴史は、じつは意外に古いのだ。しかも、この言葉の登場時には、「ゆとり教育」は、かなり肯定的な響きをもって、この国の教育の新たな方向性や理念を示すものとして燦然《さんぜん》と輝いていたはずである。

同じひとつの言葉、同じひとつの教育の理念にたいする評価が、これほどまでに乱高下するとは、いったいどういうことなのか。この章では、「一億総教育評論家」社会において、「ゆとり教育」がどのように語られ、どう評価されてきたのか、そのもつれた糸を解きほぐしてみたい。

もちろん、「ゆとり教育」がプラス・イメージで語られていた時期にも、これに異を唱える論者は存在した。逆に、「ゆとり教育」の評判がよくない現在でも、その理念を積極的に評価しようとする者もいる。だから、正確に言えば、「ゆとり教育」のイメージは、全体としてはプラスからマイナスへと転調してきたが、じつはいつの時点でも、意見の対立や論争は存在してきた。そうした論争の構図が（あるいは、議論のねじれが）、実際にはなにを〝犠牲〟にしてきてしまったのかについても、あわせて考察していく。

なお、あらかじめ断っておくが、この章の論述では、これまでの教育政策や論議の流れ（歴史的経過）を追うことに、かなりの分量を割いている。ただし、それは、僕が、教育史についての好事家的な趣味をもっているからではけっしてない。現在における論争の構図を、そしてその「深層」を読み解いていくためには、どうしても必要なことだと判断するからなので、どうか我慢してほしい。

また、以下では「〇〇年版の学習指導要領」といった言葉が、あまりにも頻繁に登場する。学習指導要領とは、日本の小・中・高校における教育課程の大綱を定めた文書であるが、なぜそんな〝紙切れ〟（実際には、かなり分厚く、「官報」に告示されるものでもあるが）にこだわるのか――それは、悲しいかな、この国の教育政策や行政の世界には、驚くほどの中央集権・上意下達のシステムが貫通していて、学習指導要領の改訂が、現実問題として教育現場に与える影響には計り知れないものがあるからである。そのあたりの事情も、あわせて斟酌《しんしゃく》していただければ幸いである。

それでは、本論に進もう。

1◈戦後の学力政策史をたどって

ゆとり教育の起点は一九七七年

一般に、この国の「教育語り」において、「ゆとり教育」に脚光が浴びせられるようになったのは、二〇〇〇年前後の時期からであろう。

一九九八年に改訂された小・中学校の学習指導要領（高校版の改訂は翌年）では、「学校週五日制」が全面実施に移行し、「総合的な学習の時間」が導入された関係で、各教科の授業時数（コマ数）が、かなりの幅で減少することになっていた。もちろん、それに応じて教育内容の「精選」もはかったので、なにも問題はないというのが、当時の文部（科学）省の言い分であった。「ゆとり」のなかで、子どもたちが意欲をもって自主的・主体的に学べば、それこそが、ペーパー試験で測られる学力などでは代替できない、「生きる力」の育成につながるはずだ、という論理である。

ところが、この文部（科学）省の論理は、新しい教育課程への移行措置の期間が終わり、いよいよ本格実施を迎えるころになって――これが、二〇〇〇年代の初めである――世間から相つぐ批判を浴びるようになった。端的に言ってしまえば、「ゆとり教育」などをやっていて、この国の子どもたちの学力は大丈夫なのか、という不安や疑念の声があげられ、大きな社会問題となったのである。

『分数ができない大学生』（西村和雄・岡部恒治・戸瀬信之、東洋経済新報社、一九九九年）という衝撃的なタイトルの本がベストセラーとなり、週刊誌や新聞、テレビなども同様の危惧を示しはじめた。こうなると、世間一般の人びと、とりわけ子どもをもつ親たちの不安がおおいに焚きつけられ、〝ゆとり教育は、是か非か〟〝子どもたちの学力低下は、事実なのか〟〝学力低下が事実なのだとしたら、どう対処すべきなのか〟をめぐって、「ゆとり教育」論争（＝「学力低下」論争）が、大きく花開いていく。

右の西村和雄らの議論にたいしては、もともと独特の「受験勉強」擁護論を展開していた和田秀樹が呼応し、苅谷剛彦や佐藤学といった名だたる教育研究者も、階層格差や学習意欲の喪失といった独自の視点から、この論調に加わっていった。他方、文部科学省の立場を代弁したのが、当時、同省のスポークスマン的な立場にあった寺脇研である。こうした最初期の登場人物たちだけでも、錚々《そうそう》たる顔ぶれである（くわしくは、中井浩一・「中央公論」編集部編『論争・学力崩壊』中公新書ラクレ、二〇〇一年、を参照されたい）。

この論争の構図については、あとでふれることになるので、ここでは深入りしない。

代わりに、つぎのことを確認しておきたい。派手な論争の経緯もあって、世間一般の人は、「ゆとり教育」とは、この一九九八年／九九年改訂の学習指導要領にもとづく教育課程のことだ

小学校の週あたり授業時数の推移

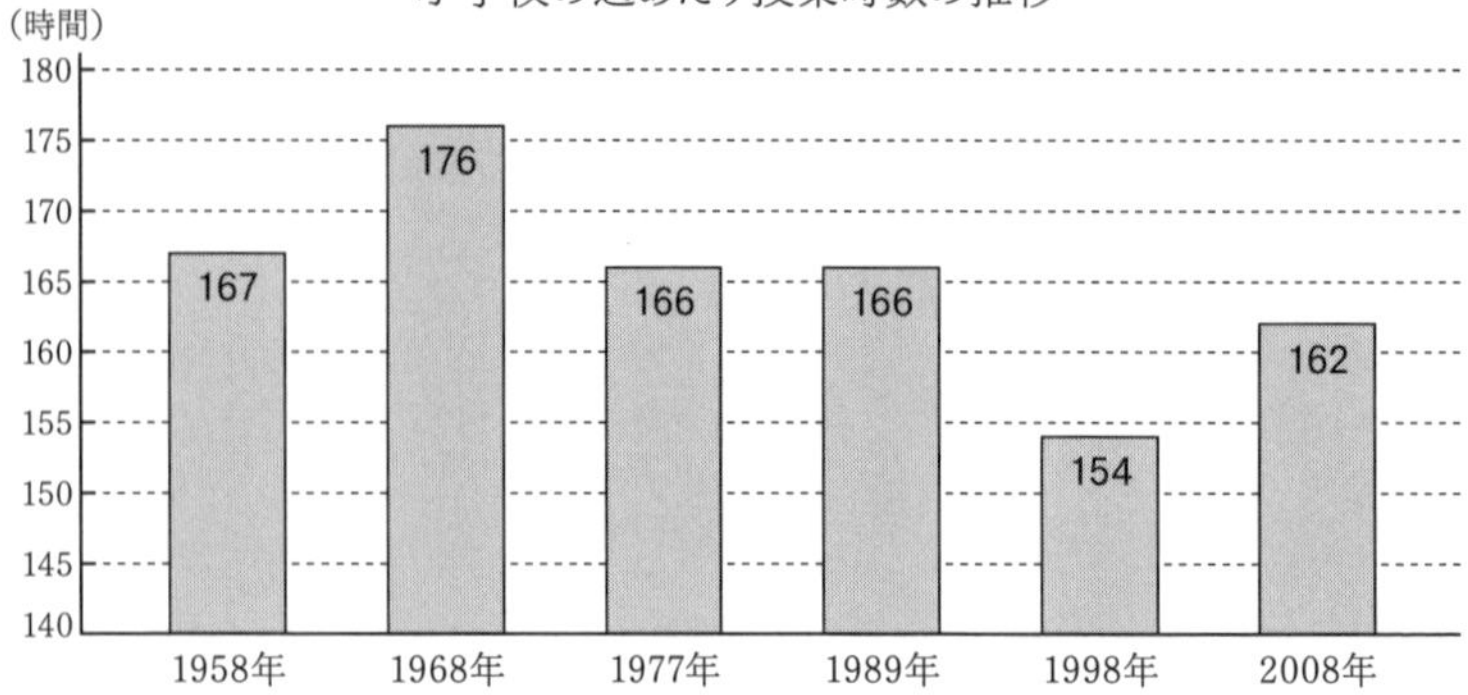

と考えている。実際、先にふれた「ゆとり世代」という命名も、この時期の教育課程のことを念頭に置いている。

しかし、そうした認識は、少なくとも戦後の教育史を少しでもかじったことのある者の眼から見れば、正確であるとは言えないのだ。

まずは、グラフを見てほしい。

これは、一九五八年版から現在の二〇〇八年版に至るまでの小学校学習指導要領にもとづいて、小一〜小六までの一週間の授業時数を足しあわせたものである。

一目瞭然であるが、戦後の教育課程の変遷における授業時数は、一九六八年版学習指導要領の時期をピークにして、一九七七年版以降は、ずっと減少傾向にあった。たしかに、一九九八年版学習指導要領における落ち込み幅は大きいが、先にふれた「学力低下」論争を経て、「学力向上」路線に切り替えたはずの二〇〇八年版においても、授業時数じたいは、かつての一九七七年版の水準にも回復していない（その主要な要因は、学校週五日制によって、土曜日の授業がなくなったことにある。だから、これ以上を望もうとすれば、土曜日の授業を再開するしかない。事実、二〇一三年の学校教育法施行規則の改正によって、現在では教育委員会の判断で公立学校の土曜授業が自由にできるようになっている)。

こう見てくれば、教育史的な観点からの「ゆとり教育」の起点は、一九九八年ではないことがわかる。その出発点は、一九七七年に求めるのが正解である。実際、一九七七年版の学習指導要領の目玉は、まさに「ゆとりの時間」の導入であったのだ。

裁量に任された「ゆとりの時間」

それにしても、この「ゆとりの時間」とは、いったいなにものなのか。みずからの学校体験として「ゆとりの時間」の記憶があるのは、現在の三十代〜四十代前半ということになるので、ほかの世代には理解しにくいかもしれない。

端的に説明してしまえば、「ゆとりの時間」とは、学校の裁量に任されていて、なにをやってもよいと位置づけられた時間割上の時間である。ただし、教科指導は行なわないことが原則とされていた。

学校ごとの自由裁量の時間なので、多様な時間の使い方があって当然なのだが、代表的なものを挙げれば、飼育・栽培活動、運動・保健活動、郷土学習、表現・鑑賞活動、造形活動、読書、自然体験、奉仕活動といったものになろうか。まあ、なにはともあれ、これまでの教育課程の歴史において、いまだかつて実現したことのなかった〝画期的な〟アイデアである。これこそ、「元祖・ゆとり教育」と名づけるにふさわしいのではなかろうか。

ただ、それにしても、だ。一九七七年改訂の学習指導要領においては、いったいなぜ、かような「ゆとりの時間」なるものが導入されたのか。

このときの文部大臣が、じつはかなりの変わり者で、といったありがちなエピソードは存在していない。通常、学習指導要領の改訂は、ほぼ十年に一度のペースで行なわれるが、文部（科学）大臣が教育課程審議会（現在では、中央教育審議会の初等中等教育分科会・教育課程部会）に諮問を行ない、その答申に沿って改訂作業が行なわれる。一九七七年の改訂においても、当然、同様の手続きがとられている。

では、この期の教育課程審議会では、いったいどのような議論がなされ、どのような経緯で、「ゆとりの時間」が登場することになったのだろうか。

「ゆとりの時間」導入の背景

おそらく、この本の読者の多くは、こうした教育政策の立案プロセスについて、その具体的な経緯や紆余曲折までを、微に入り細に入って知りたいとは思わないだろう。だから、単刀直入に、結論のみを書いておく。

一九七七年の学習指導要領改訂を準備した教育課程審議会の答申「小学校、中学校及び高等学校の教育課程の基準について」（一九七六年）は、以下のように述べている。

児童生徒が心身ともに安定した状況の下でより充実した学習が行われるようにするためには、学校生活を全体としてゆとりのあるものにする必要がある。そのためには、現在の学校生活の実際や児童生徒の学習負担の実態を考慮し、各教科等の内容の精選や授業時数等の改善を行って、適切な教育課程の実現を図らなければならない。（傍点は、著者）

この文章から、ただちに以下のことがわかる。

①――「ゆとりの時間」の導入のねらいは、子どもたちの学校生活をゆとりあるものとして、学習の充実をはかろうとした点にあること

②――そのために、教育内容の精選や授業時数の削減が行なわれるであろうこと

③――この時期以前の教育課程においては、子どもたちの学校生活や学習活動に過剰な負担が生じていたと想定（想像）されること

①は、まあそのとおりであろう。そう書いてあるのだから。②は、実際に一九七七年の学習指導要領改訂において、教育内容の精選と授業時数の削減がはかられたという事実と符合する。つ

まり、一九七七年版の学習指導要領は、「ゆとりの時間」が導入されたという単純な事実だけではなく、あわせて教育内容の精選と授業時数の削減がはかられたという意味で、本来の「ゆとり教育」の嚆矢《こうし》であり、起点なのである。

では、③はどうか。一九七〇年代前半までの日本の学校は、本当に子どもたちの学校生活や学習に、余裕を失わせるほどの負担を強いていたのだろうか。

社会問題化した「落ちこぼれ」

ここに、一つの衝撃的な（と、少なくとも当時は思われた）データがある。全国教育研究所連盟が行なった「義務教育改善に関する意見調査」（一九七一年）の結果である。

クラスの「二分の一」または「二分の一以上」の子どもが授業を理解していない、と回答した割合

小学校教諭　六五・四％

中学校教諭　八〇・四％

ようするに、大多数の教師たちが、実際に授業を行ないながら、過半数の児童・生徒がみずからの授業についてきていないと感じている、というのだ。調査結果が報道されるやいなや、それ

が、社会的に大きな反響を呼んだことはいうまでもない。授業についていくことのできない「落ちこぼれ」を大量に生む学校教育のあり方について、多くの批判が集中した。

厳密に言えば、この調査の対象となったのは、一九五八年版の学習指導要領にもとづく教育課程を受けてきた子どもたちであった。調査が発表された時点での子どもたちは、実際には、このつぎの一九六八年（小学校）／六九年（中学校）改訂の教育課程を受けていた。

つまり、時期的にずれがある。そして、この六八年／六九年版の学習指導要領にもとづく教育課程は、先のグラフでも見たように、一九五八年版よりも授業時数を増加させ、教育内容を高度化させたものであった。一九六八年／六九年版の教育課程は、一九六〇年代における国際的な科学技術の革新と開発競争を背景として、当時の先進諸国の潮流でもあった「教育課程の現代化」（という名の「高度化」）をめざしたものだったからである。

少々、入りくんではいるが、結果としていかなる事態が到来したのかは、容易に想像がつくのではなかろうか。一九五八年版の教育課程においてさえ、授業についていけなかった日本の子どもたちが、さらに授業時数を増加させ、教育内容も高度化させた六八年／六九年版の教育課程に無理なく適応していくはずはない。一九七〇年代の教育は、「落ちこぼれ」問題という〝火〟に、こともあろうに〝油〟を注いでいたのである。

実際、詰め込み式の「新幹線授業」のなかで、多くの子どもが落ちこぼされていくという事態は、一九七〇年代前半のマスコミの報道を賑わせていた。「落ちこぼれ」問題は、本来は子どもたちの責任ではなく、教育課程の問題なのだから、「落ちこぼし」問題ととらえるべきではないか、という論調も有力になっていった。

話をもとに巻き戻すと、一九七七年版の学習指導要領における「ゆとりの時間」導入、教育内容と授業時数を削減した「ゆとりある教育課程」の実施は、こうした経緯と背景のもとに実現した。それはそれで、この流れのなかでは理解できることであるし、社会的根拠に照らしても、理にかなった改訂だったのではないだろうか。少なくとも、現在のように、「ゆとり」という言葉だけで、その内容や意図が揶揄されるいわれはない。

自己防衛で高まった親の教育熱

では、子どもたちの学校生活の「ゆとりと充実（ゆとりのなかでの充実した学習）」を実現しようとした一九七七年改訂の学習指導要領の〝夢〟は、その後、見事に花開いたのか。

残念ながら、そうはいかなかった。――これが、現実である。

教育や学校にかかわることがらは、そう簡単に、政策担当者が思い描くようにはならない（これは、いまでも同じである）。端的に言うと、二つの「誤算」が生じた。

一つは、一九七七年版の学習指導要領そのものに内在した問題である。

たしかに、この教育課程では教育内容の「精選」が行なわれた。その場合、仮に授業時数が従来どおりであったのならば、あたりまえのことであるが、一時間あたりの授業には余裕が生じる。

教師としては、子どもたちにていねいに説明し、じっくりと考えてもらう時間を捻出することもできただろう。

しかし、この教育課程においては、実際に教えるべき内容は減らされたが、それと同時に、授業時数も減少した。結果として、授業そのものには、それほど「ゆとり」が生じたわけではないというパラドクスが存在したのである。

また、多少とも専門的な話になるが、各教科の教育内容は「精選」されたといっても、内容の削減の仕方には、学習の系統性が損なわれるようなケースもあったので、かならずしも子どもたちの理解や学習到達度が向上したわけではなかったという指摘もある。

いずれにしても、以上は、教育課程のがわに内在した問題であり、その気になれば、「改善」を見込むことも可能なことがらである。しかし、もう一つの「誤算」は、学校や教育政策によってコントロールできる範囲をはるかに超える〝難問〟であった。

一九七〇年代初頭に「落ちこぼれ」が問題化して以降、親たちは、学校にたいする批判の視線を強めると同時に、ある種の「自己防衛」として、わが子が「落ちこぼれ」になるのを防ぐために「学校外教育」に熱い視線を注ぐようになった。つまり、家庭学習教材や家庭教師の活用、そして学習塾通いが増加したのである。折しも、一九七〇年代から八〇年代にかけて、高校進学率は上昇を続け、大学進学率もそれに続いていた。いわゆる受験競争の加熱が、こうした行動に拍車をかけたことはいうまでもない。

注意すべきは、こうした親たちの教育熱と行動は、一九七七年に「ゆとり」の教育課程が発表されて以降も、ずっと続いたということである。そのロジック（論理）は、学校の教育内容や授業時数が減少するのであれば、家庭学習や塾での学習でそれを補わなければ、わが子を受験競争のなかで優位な立場に立たせることができない、というものであった。まさにこの時代、「いい学校→いい大学→一流企業→幸せな人生」という（いまでは「教育神話」とさえ言いたくなるような）「物語」が、大衆的に信じられていたからである。そこには、実際には教育産業による巧妙な宣伝が介在したのであろうが、僕も嫌われ者にはなりたくないので（笑）、これ以上は書かない。

こうして、一九七〇年代から八〇年代にかけて、親たちの教育熱は加熱を続け、塾通いをする子どもたちも増えつづけた。一九七七年は、「ゆとり」を標榜した学習指導要領の改訂が行なわれた年であると同時に、『乱塾時代』（毎日新聞社会部、サイマル出版会、一九七七年）という造語が生み出された年でもあった。のちに「下からの能力主義」（竹内常一『日本の学校のゆくえ――偏差値教育はどうなるか』太郎次郎社、一九九三年）と名づけられた親たちの教育行動が、文部省の教育政策の意図など容易に飲み込んでしまう時代だったのである。

「ゆとり」路線と学力競争の併存

こうした状況の結果として生まれたのは、この時期以降に顕著な、この国の教育現実の特有の「ねじれ構造」であった。

一九七七年改訂の学習指導要領が本格実施に移行した一九八〇年代から、ほぼ二〇〇〇年代を迎えるまで、文部（科学）省の教育政策の基調は、終始「ゆとり教育」路線であった。もちろん、用語としては「ゆとり」だけが用いられたわけではなく、その後、一九九〇年代になると、（知識や技能中心ではなく、子どもたちの「自ら学ぶ意欲」を重視する）「新しい学力観」や、（教育のあり方全体を嚮導《きょうどう》する理念である）「生きる力」といった言葉が、この路線の延長線上に提出されてもきた。

用語の違いは、それぞれが焦点を当てようとする対象や教育目標の違いを意味するので、それとして留意されるべきではある。しかし、同時に、「ゆとり教育」「新しい学力観」「生きる力」といった教育政策上のキャッチフレーズには、その基層において共有された〝通奏低音〟が存在してもいたのである。

対抗すべき〝反面教師〟は、「新幹線授業」「詰め込み教育」「知識重視の暗記学習」「受験学力」「過剰な学習負担」「競争と効率」といった布陣である。これらを排して、この陣営がめざしたのは、子どもたちが「ゆとり」をもって学習できる環境や条件を整え、そのなかで「自ら学ぶ意欲」を喚起するとともに、「自ら思考し、判断し、表現する力」を育成すること、そして、激動する社会に漕ぎでていくことのできる「生きる力」を培うことであった。きわめて一貫した教育理念であり、教育の理想像である。これらの理想そのものに異議を唱える者は、おそらくそうはいまい。

ところで、一方、ほぼ同じ時期、一九八〇年代から一九九〇年代前半にかけての日本の教育の

小・中学生の理科・数学の学力(国際比較調査から)

【数学】

	小学生	中学生
1964年	−	2位/12か国
1981年	−	1位/20か国
1995年	3位/26か国	3位/41か国

【理科】

	小学生	中学生
1970年	1位/16か国	1位/18か国
1983年	1位/19か国	2位/26か国
1995年	2位/26か国	3位/41か国

【出典】国際教育到達度評価学会「国際数学・理科教育調査」

実態は、子どもたちの学習の過重負担であり、学力競争の激化であった(本当は、教育政策における「ゆとり教育」路線が続いた時期と、こうした学習「過密」の時期に微妙な〝ずれ〟が存在することが、後々に大問題を形成していくのだが、この点については、あとでふれる)。

すでに述べたように、この時代、子どもたちは学校内だけではなく、家庭や塾などの学校外においても過重な学習を強いられていた。受験競争の過熱を背景として、いわば「家庭教育力の総力戦」状況が現出していたのである(久冨善之『競争の教育——なぜ受験競争はかくも激化するのか』労働旬報社、一九九三年、を参照)。しかも、この「総力戦」において、子どもたちが献身していた学習は、「ゆとり教育」路線が理想としたものとは真逆の、試験や受験で高得点をあげるための学習——多くの場合、そこには、正答を導くプロセスを正確にするための反復訓練や、問題解法のテクニックなども含まれていた——であった。

まさに、「政策」としての「ゆとり教育」路線と、「実態」としての過密な学力競争が併存するような、見事な「ねじれ構造」が成立していたのだ。事実、国際教育到達度評価学会(IEA)が実施してきた数学と理科の学力調査の結果を見ると、表にあるように、この時期の日本の子どもたちのパフォーマンスは、国際的にも群を抜いて高かった。

もちろん、国際比較で好成績をおさめたからといって、それですべてよしなどといえるほど、事態は単純ではないし、この程度のことで、ナショナリスティックな国民感情をくすぐろうなどと思うのなら、そんな発想は、あまりに貧困すぎる。

それよりも、注意しておくべきことは、ここにみられる日本の子どもたちの「高学力」は、けっして学校教育の力（のみ）によって成し遂げられたのではなく、学校外の家庭学習や塾通いによって支えられていたという事実である。そして、学校内・外における子どもたちの過剰な学習「負担」は、つぎのような弊害を生む現況でもあったのである。

つまり、先の「国際数学・理科教育調査」は、子どもたちの学習到達度の国際比較を行なうだけではなく、数学・理科の学習についての意識調査をあわせて実施していた。その意識調査の結果によれば、「数学（理科）が好き」「数学（理科）の勉強は楽しい」という質問にたいして、日本の子どもたちの肯定的な回答は、他国から群を抜いて低かった。試験での高得点と、その教科にたいする興味や意欲の低さのアンバランス。――のちに、「日本型高学力」（須藤敏昭「『日本型高学力』をどう見るか」教育科学研究会「現代社会と教育」編集委員会編『現代社会と教育』第四巻［知と学び］、大月書店、一九九三年）と名づけられたゆがんだ姿が、ここに浮かび上がってくる。

「実態」としては、学力競争が横行していたにもかかわらず、「政策」が「ゆとり教育」路線をとりつづけた背景には、このあたりの事情が絡んでいたと言わなくてはならない。

2◈学力格差を是認した「新しい学力観」

臨教審が打ち出した「個性主義」

さて、一九七七年改訂の学習指導要領以降の流れを簡単に追っておこう（もちろん、このかんの学力政策史を詳述することが目的ではないので、あとの議論に必要な範囲のことにとどめる）。

すでに述べたように、一九八〇年代以降、二〇〇〇年代を迎えるまで、広い意味での（〝通奏低音〟としての）「ゆとり教育」路線が続いていくのだが、一時期だけ、それとはややトーンの異なる論調が有力になったときがあった。一九八〇年代なかばに、当時の中曽根首相の肝いりで発足し、約三年にわたって審議を続けた臨時教育審議会（臨教審）の時期である。

詳細は省くが、臨教審の主張――その内部には、路線の対立もあったのだが、いまはその説明は省く――の核心は、教育に市場原理（競争原理）を導入するという点にあった。「ぬるま湯」と称された学校現場に競争と自己責任の原理を持ち込み、競争をテコにして、教育の成果の向上をはかろうとしたのである。当初は「教育の自由化」論と称されたこの論調は、当時の教育界を激震させたと言ってもよい。

この論理からすれば、子どもたちの学習にかんしても、その基調は「ゆとり教育」どころではなくなるはずである。子どもたちには学習到達度や成績を競わせ、そのことによって、エリートの選抜と全体としての学力水準の向上をはかるといった政策が出されたとしても不思議はない。事実、臨教審の委員のなかには、「競争こそが、人間の成長の原動力である」といった人間観を公言してはばからない委員もいたし、臨教審の答申にも、「六年制中等学校」の創設をはじめとして、子どもたちの学力競争をあおりかねない施策が提案されてもいた。

しかし、全体として見れば、臨教審が導き入れようとした市場原理は、学校間の競争や教師間の競争をうながすことに力点を置いたものであり、子どもの教育にかんしては、「個性主義」や「個性重視の原則」が強調されるにとどまった。この時期には、受験競争の過熱が、いまだかなりの範囲で社会的に問題化していたという背景もあり、さすがの臨教審も、「詰め込み教育」や「受験学力」の育成を助長しかねないような施策を打つことはできなかったと考えることができる。

「新しい学力観」のインパクト

ついで、臨教審による「個性化」原理を引き継ぎつつ、文部省の政策として新たな展開(=転回)を見せたのは、一九八九年の学習指導要領改訂をふまえ、一九九一年の指導要録(児童・生徒の学籍および成績・行動等を記録し、外部向けに発行される証明書等の原簿となるもの)の改訂を機に主張されはじめた「新しい学力観」であった。

「新しい学力観」あるいは「新学力観」という用語は、なんらかの法律や審議会の答申等にもとづくものではない。一九八九年版の新学習指導要領がめざす学力観として、従来の学力観からの転換をめざして、当時の文部省が喧伝したものである。

これからの教育においては、これまでの知識や技能を共通的に身につけさせることを重視して進められてきた学習指導の在り方を根本的に見直し、子供たちが進んで課題を見付け、自ら考え、主体的に判断したり、表現したりして、解決することができる資質や能力の育成を重視する学習指導へと転換を図る必要がある。

（文部省、小学校教育課程一般指導資料『新しい学力観に立つ教育課程の創造と展開』東洋館出版社、一九九三年。傍点は、筆者）

端的に言えば、これが、「新しい学力観」の核心部分である。知識や技能の獲得を重視するのではなく、子ども自身の興味・関心、思考・判断・表現を重視し、そのことを通じて課題発見と課題解決の力を身につけることを重視する教育への転換である。

これが、仮に知識や技能の軽視（無視）という意味を含むとすると、学力観としては、かなり偏ったものとなる。実際、「新学力観」が喧伝されたこの時期、文部省の指導においては、教師による「教え込み」を厳しく排し、授業においては子どもの自主的・自律的な学びこそが主軸であって、教師は「支援者」に徹することが強調された。

また、改訂された指導要録では、「観点別評価」がきわめて重視され、「知識・理解」ではなく、「関心・意欲・態度」が筆頭項目にあげられてもいた。その意味では、「新しい学力観」は、従来型の授業からの一八〇度の転換をめざすものであり、その受けとめ方をめぐって、学校現場がかなりの〝戸惑い〟を見せ、ある種の〝混乱〟に陥ったのは事実である。

ただ、そうした点を留保し、「新しい学力観」が知識・技能の獲得を排除するものではなかったと仮定すれば、そこにみられる学力観（教育観）は、基本的には「ゆとり教育」路線とまっすぐにつながるものであるともいえる。「詰め込み・暗記型の（受験）学力」ではなく、子どもが「自ら学び、考え、判断できる学力」へ。

かのパウロ・フレイレの言葉を借りれば、「銀行型教育」から「課題提起型教育」への転換であり（小沢有作ほか訳『被抑圧者の教育学』亜紀書房、一九七九年、を参照）、フレイレのひそみに倣った僕の言い方になおすと、「銀行型」の学びから「料理教室型」の学びへの転換ということになる（拙著『キャリア教育のウソ』ちくまプリマー新書、二〇一三年、を参照）。つまり、知識や技能を貯めこんで預金しておくような教育や学習ではなく、学び方を獲得して、子どもみずからが生涯学びつづけていくことのできる力をつけるような教育や学習への転換がめざされたのである。

こうした文脈をふまえていえば、「新しい学力観」の〝新しさ〟やその画期的な〝問題性〟は、じつは別のところにあった。端的にいうと、「新学力観」は臨教審の「個性化」原理を受け継ぎ、それを、子どもの学習到達度の「個性化」にまで援用したということである。わかりやすくいうと、こういうことだ。

授業で十のことを扱ったとする。大切なのは、子どもたちがみずから意欲をもって、十のことに取り組み、みずから思考し判断し表現したかどうかという学びのプロセスである。だから、結果として、一方では十まで理解できた子どもがいて、他方で五までしか到達できない子どもがいたとしても、それは子どもの「個性」である。それこそが、「個に応じた指導」なのだ、と。

戦後の教育において、子どもたちの学力格差は、実態としては、つねに存在してきた。しかし、そうした格差は、縮められ、是正されていくべきものとされてきた。にもかかわらず、子どもたちのあいだの学力格差を子どもの「個性」として是認し、〝正当化〟してしまうような学力観の登場は、教育（学力）政策史上、未曾有のことであった。

ゆとり路線の完成形としての「生きる力」

見てきたような「新しい学力観」は、たしかに学校現場をおおいなる混乱に陥れ、少なからぬ反発も招いた。したがって、言葉としてのそれは、数年のうちに消えていった。

しかし、「新しい学力観」が提起した教育のあり方は、その言葉の消失とともに完全に闇に葬り去られたわけではない。「新しい学力観」に続いたのは、一九九六年の中央教育審議会の答申「二一世紀を展望した我が国の教育の在り方について」において高々と宣言された、「生きる力」を育てるという教育の理念である。

もちろん、時代状況の推移があるので、国際化（グローバル化）や情報化への対応、生涯学習社会のなかでの学校の役割への着目など、新たな視点も重視されてはいる。しかし、この答申においても核となるところは、驚くほどに、元来の「ゆとり教育」路線＋「新しい学力観」のラインがふまえられている。

少々長くなるが、答申の骨格と思われる箇所を引用しておこう（傍点は、筆者）。

これからの学校は、［生きる力］を育成するという基本的な観点を重視した学校に変わっていく必要がある（中略）

まず、学校の目指す教育としては、

（a）［生きる力］の育成を基本とし、知識を一方的に教え込むことになりがちであった教育から、子供たちが、自ら学び、自ら考える教育への転換を目指す。そして、知・徳・体のバランスのとれた教育を展開し、豊かな人間性とたくましい体をはぐくんでいく。

（中略）

そうした教育を実現するため、学校は、

（c）［ゆとり］のある教育環境で［ゆとり］のある教育活動を展開する。（中略）

（d）教育内容を基礎・基本に絞り、分かりやすく、生き生きとした学習意欲を高める指導を行って、その確実な習得に努めるとともに、個性を生かした教育を重視する。

一読して、この答申においては、

①—知識偏重の教育ではなく、子どもたちが「自ら学び、自ら考える教育」をめざすという、「新しい学力観」の基本コンセプトが引き継がれている

②—そうした教育を実現するために、「ゆとり」という用語が復活し、その必要性が強調されている

③—「ゆとり」を実現するための教育内容の精選が主張されている

ことがわかる。

引用には出てこないが、「完全学校週五日制」の実施を提言したのも、この中教審答申である。ここにみられる枠組み——授業内容の精選と授業時数の削減（学校週五日制の完全実施を含む）による「ゆとり」の実現と、そのもので子どもが主体となった学びの実現＝「生きる力」の育成——こそは、この章の冒頭で紹介した二〇〇〇年代初頭の「ゆとり教育」論争（「学力低下」論争）のもととなった、一九九八年／九九年版の学習指導要領の内容に反映されたのである。

こうして、ほぼ二十年の歳月を経て、この国の「ゆとり教育」路線は、一つの「完成形」に到達したかに見えた。

3◈子ども「学力低下」の背景にあったもの

「ゆとり教育」批判から「確かな学力」へ

さて、ここからが、この章の冒頭の時点に戻る。

「ゆとり教育」推進派が満を持して改訂したはずの一九九八年／九九年版学習指導要領は、改訂の時点でこそ、それほどの異論はめだたなかったが、その後、二〇〇〇年を迎えるあたりから、じょじょに批判が高まりはじめ、しまいには批判の集中砲火を浴びるようになった。その動因となったのは、いうまでもなく子どもたちの「学力低下」への危惧である。

もちろん、「ゆとり教育」の支持者からは、やみくもに「学力低下」を憂慮したり、論難したりするのではなく、二十一世紀の「知識基盤社会」に漕ぎでていく子どもたちに必要な本当の「学力」とはなんなのかが吟味されなくてはいけない、といった反論もなされた。しかし、マスコミや教育産業などを巻き込んだ「学力低下」キャンペーンのもとでは、そうした反論も、なかば〝焼け石に水〟であった。

結果、政策的には、二〇〇二年に当時の遠山文部科学大臣によって「学びのすすめ」が出されることで、この論争には、表面的な「決着」がつけられることになった。

「確かな学力の向上のための２００２アピール」と称された「学びのすすめ」は、「授業時数や教育内容の削減によって児童生徒の学力が低下するのではないかという点について社会の各方面から寄せられている懸念」があることを率直に認めている。そのうえで、「きめ細かな指導」や「放課後の時間等を活用した補充的な学習や朝の読書」「適切な宿題や課題等家庭における学習の充実」をはかることで、「確かな学力」の育成をめざすことを高らかに宣言した。さらには、学習指導要領は「最低基準」であることを明示し、「理解の進んでいる子ども」には、「発展的な学習で力をより伸ばす」ことができるとまで示唆していた。

この「学びのすすめ」を起点として、検定教科書の部分改訂では「発展的な学習」のページを載せることが可能となり、文部科学省によっても「学力向上フロンティア事業」が展開されることになった。きわめて異例なことであるが、新しい学習指導要領が本格実施に移されようとするその矢先に、学力政策の理想は、「ゆとりと生きる力」路線から「確かな学力」路線へと事実上、転換したのである。

この新たな路線が、その後、二〇〇七年に開始（厳密には、四十数年ぶりに「再開」）された「全国学力・学習状況調査」を生み、二〇〇八年／〇九年改訂の学習指導要領では、ふたたび教育内容と授業時数を増加させることになった。そして、いまでは「土曜授業」の実施も容認されるような状況をつくりだしたのである。

「ゆとり教育」批判はなぜ起きたか

さて、こうして一九七〇年代以降、現在に至るまでの流れを見ると、大きな転換点は、二〇〇二年前後にあることがわかるだろう。

「落ちこぼれ」問題の社会問題化を契機とし、詰め込みや「新幹線授業」を批判することから開始された「ゆとり教育」路線は、学力政策の〝通奏低音〟としては、ほぼ一九九〇年代末まで継承されてきた。しかし、二〇〇〇年代を迎えて、そのベクトルは逆転し、「確かな学力」路線へと舵が切りなおされた。

ここでは、こうした「ゆとり（生きる力）vs確かな学力」をめぐる論争の構図の深層を読み解き、その構図そのものに潜む問題性についても考えてみたいのだが、ただ、そのまえに、ひとつだけ確認しておくべきことがある。

それは、いったいなぜ、二〇〇〇年代初めには、それまで二十年以上も続いてきたはずの「ゆとり教育」路線にたいして、強い〝逆風〟が吹きはじめたのか、ということである。

もちろん複合的なファクターが作用したのだと思われるが、僕なりに整理すれば、つぎのようになる。

第一に、一九九八年／九九年版の学習指導要領における変化は、きわめて大きかったがゆえに、世間の人びとのあいだに「学力低下」への不安を呼び起こしやすかった。

この学習指導要領では、完全学校週五日制が導入されることに伴って、各教科の教育内容が精選され、授業時数が減少することは、当初からの既定路線であった。そして、そこにさらに、「総合的な学習の時間」が新設されたのである。当然、各教科の時数は、かなり減ることになった。こうした大変化は、最終的には「受験」ということを意識せざるをえない親たちの不安をかきたてるのにはじゅうぶんであり、マスコミの報道もおおいに不安を煽り立てた。「学力低下」キャンペーンには、当然のことながら、教育産業も目をつけることになり、保守的な政治家や財界のオピニオンリーダーだけではなく、教育のことを良心的に考えている識者や市民なども、この論調に乗っていくことになった。

たしかに、時代はグローバリゼーションが進行し、国際的にも国をあげての経済競争への基盤整備、二十一世紀型の「知識基盤社会」への対応が課題とされていた時期であった。その時代に、この国だけが「ゆとり」などとのんきにかまえていて大丈夫なのか。こうした懸念は、親がわが子の進学や受験を不安に思う次元とは違うのだが、イデオロギーを越えて、少なくない論者の共感を誘ったに違いない。

かくして、新しい学習指導要領への関心もにわかに高まり、〝それで本当に、日本の子どもたちの学力は大丈夫なのか〟という、理知的でもあり、情緒的でもある複合的な「不安」が、相当な勢いで大衆的な規模で社会に拡散していったのではなかろうか。

第二に、「ゆとり教育」への逆風は、新しい学習指導要領への不安だけに由来するものではなかった。じつは、新しい学習指導要領による「ゆとり教育」の導入以前に、すでにこの少しまえの時点でも、日本の子どもたちの学力が低下しているのではないか、という危惧が存在していた。先にもふれた『分数ができない大学生』という問題提起は、それ以前の教育課程の下で教育を受けてきた子どもと若者の学力が、すでに危機的な状況にあるという警鐘であった。そこに、新学習指導要領による教育内容と授業時数の削減が重なれば、まさにとり返しのつかない状況が到来してしまうではないか、という主張である。

これが事実だとすれば、たしかに大変な事態である。疑惑は深まるのだが、はたして本当にそうだったのか。

九〇年代から起こっていた子どもの学習離れ

時系列に沿って子どもの学力を比較することは、じつは意外に難しい。受けていた教育課程が違う子どもたちを、同一の直線上に並べて比較するということは、かなり乱暴なことであるし、そもそもなにをもって「学力」と定義するのかという点からして、人によって見解が相違してしまう可能性もあるからである。いや、「可能性」ではなくて、それが「現実」である。それこそ、序章でとり上げたような意味での「神々の争い」は、学力論などの分野においては、まさに頻繁に、というか日常的に起こることなのだ。

仮に、実技的な科目などをはずした主要教科にかんして、試験（ペーパーテスト）で測ることのできる学習到達度を「学力」であるとした場合でも、先に述べたように、文部科学省が悉皆《しっかい》の

（日本中のすべての小学六年生と中学二年生を対象とする）「全国学力・学習状況調査」を再開させたのは、二〇〇七年のことである。一九九〇年代を通じた子どもたちの学力の変化をつかむことはできない。実際に、「ゆとり教育（学力低下）」論争のさいには、各論者がそれぞれに自己の主張の根拠となるデータをもちだしてきたのだが、調査方法やサンプリングなどには偏りもあり、データとしての信憑性が高いとは言いがたいものもあった（かなり良質な調査であると想定されるものとして、苅谷剛彦ほか『調査報告「学力低下」の実態』岩波ブックレット、二〇〇二年、などもあったが）。

そこで、ここでは、発想を変えてみる。

どう定義するのか、どう測るのかにかんして疑義が生じかねない「学力」ではなく、その代理指標として、子どもたちの「学習時間」に注目してみる。「時間」を比較するわけだから、そこでは、試験の内容が適切であるかどうかとか、年によって難易度に差があったのではないかなどの疑いは出てこないはずである。もちろん、「時間」の多さ＝「学力」の高さという等式は成り立たないが、しかし、密度の濃い相関関係を推定することはできるだろう。

グラフは、平成十三年版『国民生活白書』（経済企画庁）に掲載されたもので、東京都による「東京都子ども基本調査報告書」をもとに作成されたものである。

一見してわかるように、一九九〇年代以降、九二年から九八年にかけて、小学五年生と中学二年生の家庭での学習時間は、確実に減少している。しかも、「家でまったく学習しない児童（生徒）の割合」も、増加してきている。そして、学習時間の減少、および「家でまったく学習しな

小5・中2の家庭学習時間の推移

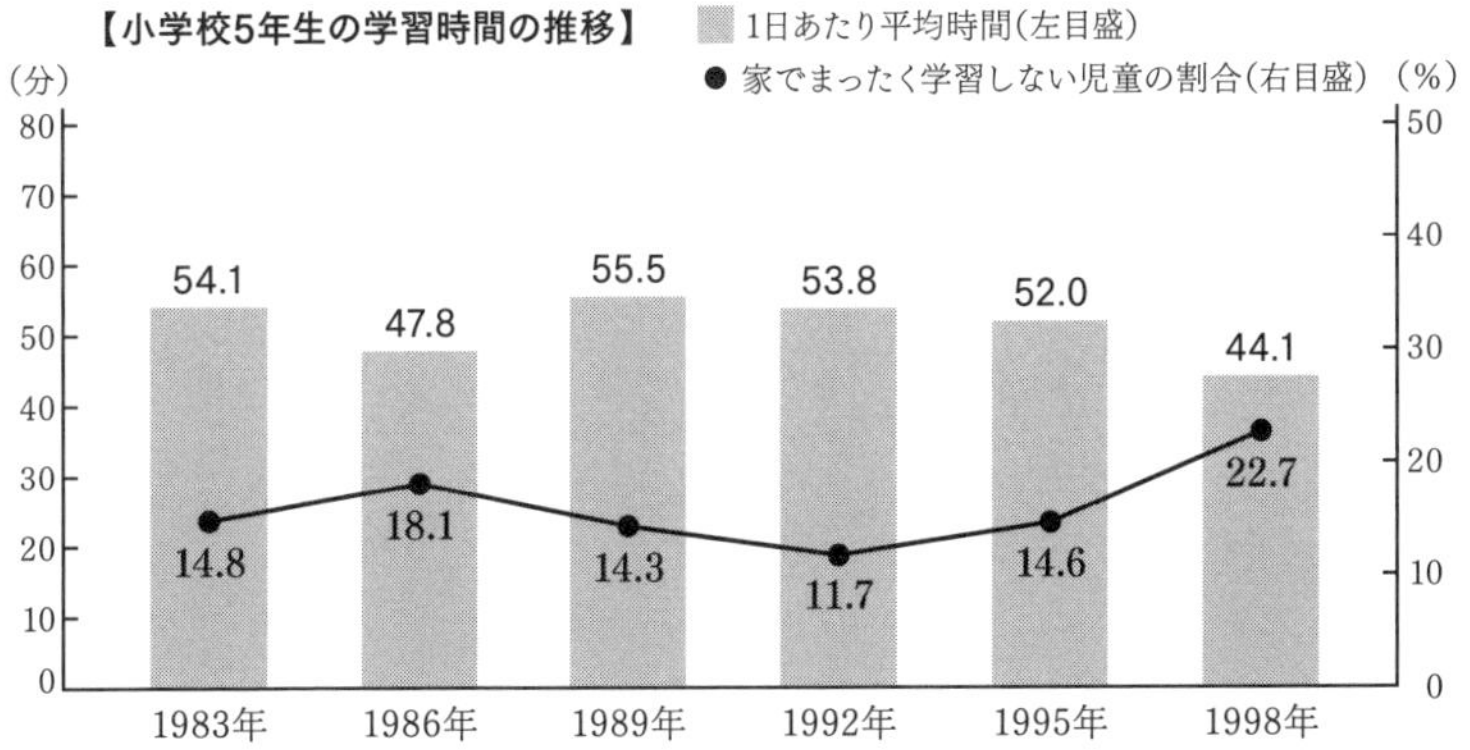

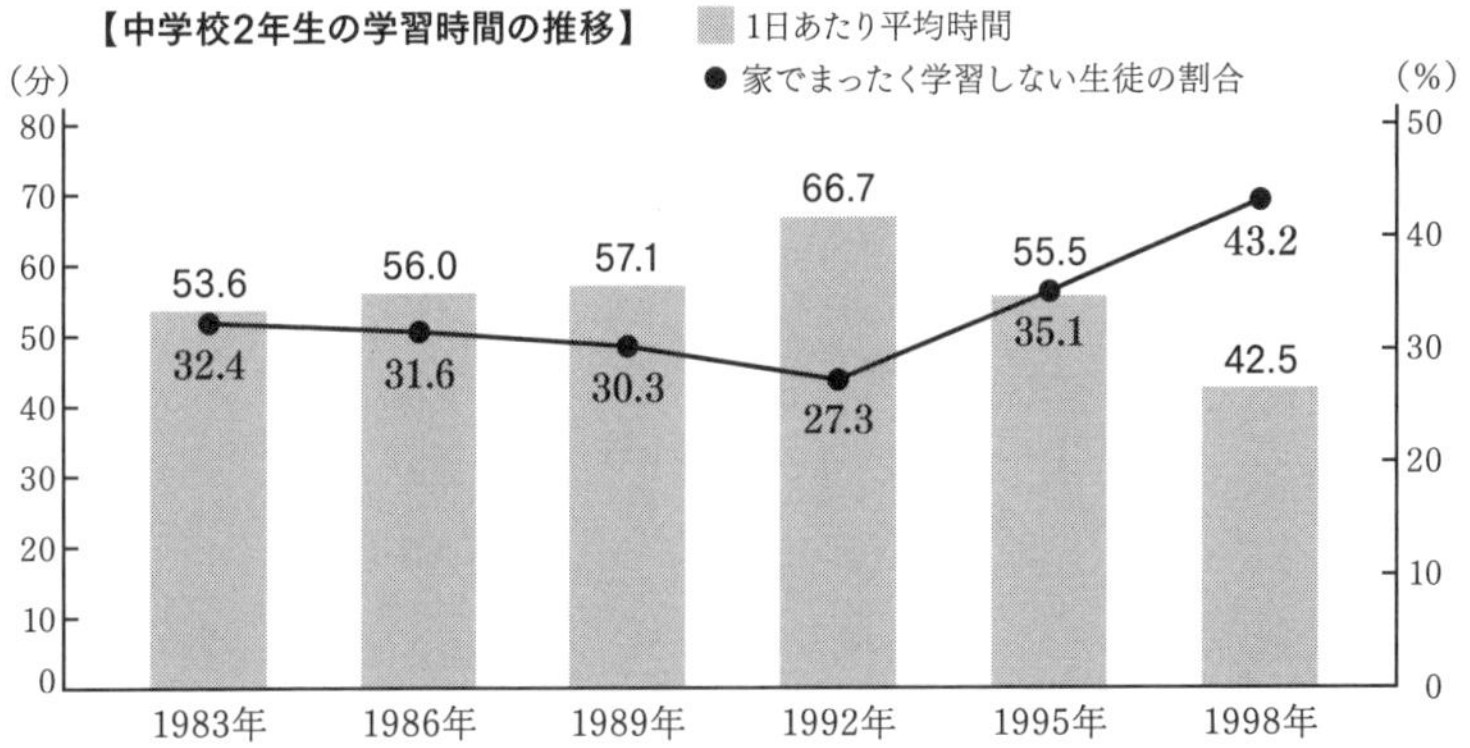

い児童（生徒）の割合」の増加の幅は、明らかに小学生よりも中学生で大きい。

この時期は、同じ教育課程にもとづく教育を受けているので、学校での授業時数に変化はない。また、別の調査になるが（文部科学省「学習塾等に関する実態調査」一九九三年、同「子どもの学習費調査」一九九四年・九六年・九八年）、学習塾を利用する児童・生徒の割合は、この時期には微減ないし横ばい傾向にあったことがわかっている。

以上を勘案すると、平均値で見れば、一九九〇年代を通じて、日本の子どもたちは、明らかに勉強しなくなった。子どもたちの「学びからの逃走」（佐藤学『「学び」から逃走する子どもたち』岩波ブックレット、二〇〇〇年）は、多くの人びとの気づかないところで、九〇年代を通じて密かに進行していたのだ。

そうであれば、あくまで間接的な根拠にもとづく「推定」ではあるが、この時期に子どもたちの「学力」（少なくとも、試験で測ることのできる学習到達度）が低下していたとする「ゆとり教育」批判派の主張には、一定の根拠が存在していたと考えることができよう。

「学びからの逃走」の社会的背景

それにしても、だ。すでに述べたように、一九八〇年代のこの国の子どもたちは、「ゆとり教育」を理念とする教育課程のもとにありながら、家庭学習や塾通いに支えられて、国際的にも有数の「日本型高学力」を誇っていたはずである。受験競争が、その背後にあったことはいうまでもない。そうした構図は、一九九〇年代になると、なぜ、かくも容易に崩れてしまったのか。根拠のない憶測は控えるべきであるが、つぎのような「推測」が成り立つのではないか。少々大胆に言ってしまえば、こういうことだ。

もともと日本の学校は、子どもたちの自主的な学習への意欲、学びへの内発的なモチベーションを喚起することに成功してきていない。だからこそ、「ゆとり教育」「新しい学力観」「生きる力」といった、子ども自身の学習意欲を重視する理念や政策が、つぎつぎと展開されてきた。しかし実際には、一九八〇年代までのこの国の子どもたちの「学力」水準は、そうした政策や教育課程の力によってではなく、なんらかの社会的「圧力」によって、上昇したり下降したりしてきたのではないか。

一九六〇年代の「現代化」の時期には、教育課程を高度化し、授業内容も授業時数も増加させることで、いわば教育課程上の「圧力」をかけようとした。しかし、これは見事に失敗し、「落ちこぼれ」を大量に生みだすことになった。その結果、一九七〇年代以降には、親たちが「自己防衛」として家庭学習の強化をはかり、塾通いを急増させることに帰結した。その背景にあったのは、過熱しはじめた受験競争の「圧力」である。そこには、高度経済成長期を経て、この国の多くの家庭には、「家庭教育力の総力戦」に乗りだしていくだけの余裕ができていたということも影響している。

こうして、一九七〇年代から八〇年代末ごろまでにかけては、「ゆとり」の教育課程にもかかわらず、子どもたちの「学力」は高い水準に維持され、（勉強は嫌いだけれども、試験の成績は高いという）「日本型高学力」が実現していたのである。

注意しておきたいのは、「ゆとり教育」路線が成功したから、日本的な「高学力」が実現したわけではないという、その関係性である。そして、この点に着目すれば、一九九〇年代以降にはなぜ、子どもたちの学習離れ（「学びからの逃走」）が生じたのかがよく理解できる。一九八〇年代までの「日本型高学力」を支えていた社会的な「圧力」――端的に言えば、受験競争の「圧力」――が弛緩した、ということである。

学習「圧力」の弛緩

では、なぜ、弛緩したのか。

一つには、一九九〇年代以降、少子化の影響から十八歳人口の減少が急速に進んだが、他方、規制緩和の影響もあって、大学の数は増加していった。結果として、高校入試はおろか、大学入試も含めて、受験競争の「圧力」は、大幅に緩和したということがある。

もちろん、選抜度の高い、いわゆる有名高校や有名大学の入試にかんしては、依然として厳しい競争が展開されてはいた。しかし、全体として見れば、受験の「圧力」は大幅に弛緩し、選ばなければどこかの高校、大学には入れるという状況が到来していた。日本の子どもたちは、もともと内発的なモチベーションにもとづいて学習に励んでいたのではなかったのだとすれば、こうした競争状況の弛緩は、同時に、子どもたちの学びの「弛緩」を生んだとしても、なんら不思議なことではない。

二つめには、この時期の日本社会においては、市場原理や自己責任を強調する「構造改革」路線の政治のもと、格差化・貧困化が密かに進みつつあったという事態の影響があろう。つまり、一九八〇年代までは「家庭教育力の総力戦」状況にしがみついていた家庭のうち、少なくない部分が、その余裕を失っていったということである。結果として、脱落ないし距離を置きはじめた層の家庭では、家庭学習や塾通いによって、子どもたちの「学力」を〝下支え〟するという構図が崩れていたのである。

最後に、三つめには、一九九〇年代における「新しい学力観」の登場の影響があろう。この学力観に忠実にしたがうとすると、教師の「指導」は後退し、子どもが「自ら学ぶ意欲」をもって、自主的・自律的に学習を組み立てていくことが推奨される。そのさいの教師の「支援」は、どの子どもにも一律になされるのではなく、「個に応じた」ものとなる。こうした授業環境のもとでは、おそらく、周囲から意欲を喚起されやすい家庭環境に育ち、適切な支援を受けることができる子どもは、どんどん力を伸ばしていくかもしれないが、そうではない環境にいる子どもの場合は、容易に〝置いてきぼり〟にされてしまう可能性も高い。

単刀直入に言ってしまえば、「新しい学力観」とは、子どもの学力差がつきやすい学力観だったのだ。この学力観のもと、真ん中から下あたりに位置する子どもたちは、観点別評価によって

「意欲」ばかりを強いられる「支援」に嫌気がさし、しだいに「学びからの逃走」を加速させていたとしても不思議なことではない。

国家プロジェクトとしての学力向上

右のような経過で、一九九〇年代には、子どもたちの学習離れが密かに進行していたと考えられる。それは、(学力の「定義」問題は回避するが、少なくとも試験で測ることのできる学習到達度という意味での)「学力低下」を疑わせるにじゅうぶんなものである。だからこそ、二〇〇〇年を前後する時期に、「ゆとり教育(学力低下)」論争が勃発し、さほどの時間もかからずに、教育政策は「確かな学力」路線への舵の切りなおしを敢行した。その後の経緯は、すでに述べたとおりで、学力向上という国をあげたプロジェクトが、現在に至るまで続いている。

では、二〇〇〇年代以降、この国の教育においては、「確かな学力」路線が〝一人勝ち〟を続けていると言えるのだろうか。じつは、そう単純には言えないところにこそ、この問題の根深さがある。

グラフは、近年注目されることの多いOECDの国際比較調査であるPISA(学習到達度調査、Programme for International Student Assessment)における、「数学的リテラシー」「読解力」「科学的リテラシー」にかんする日本の子どもたち(十五歳)の得点(平均は五百点)の年度別の推移を示したものである。

OECD学習到達度調査(PISA)平均得点の推移

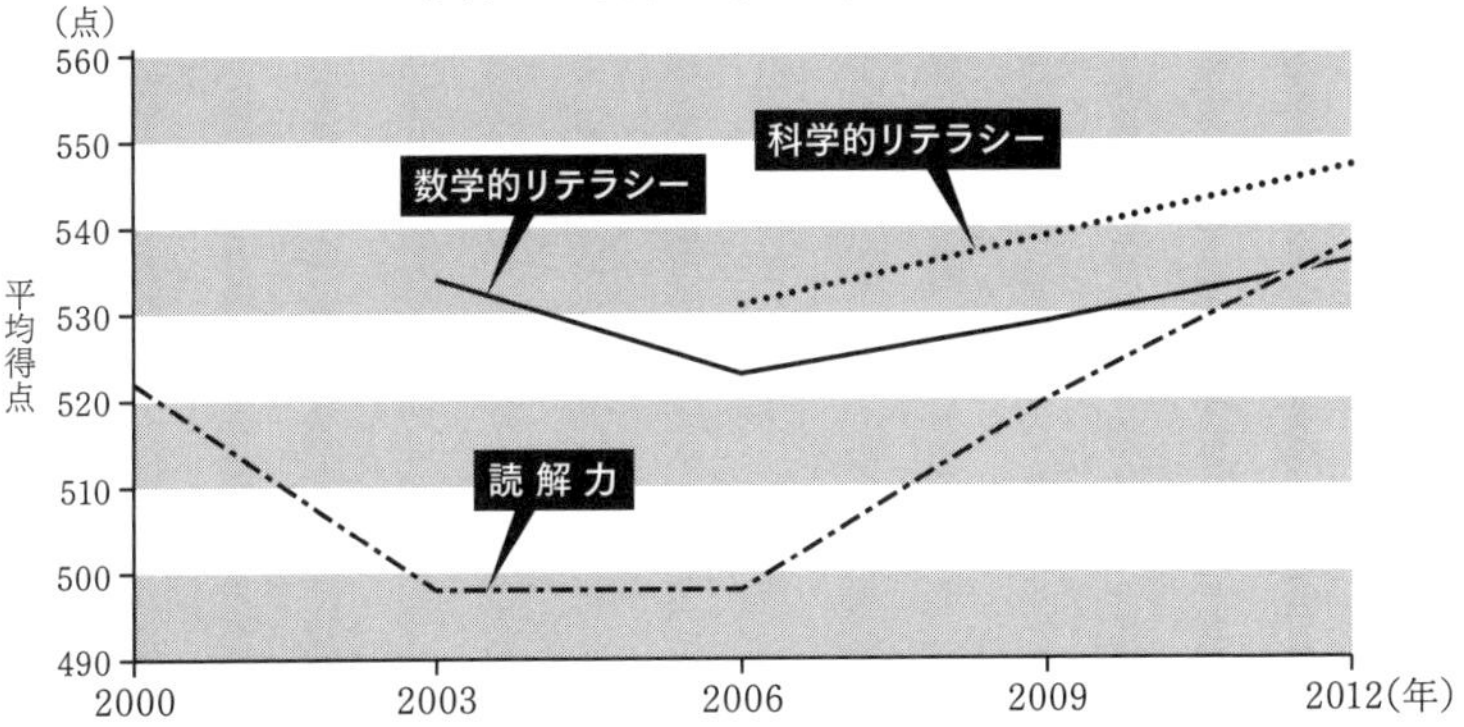

【出典】国立教育政策研究所「OECD生徒の学習到達度調査(PISA2012)のポイント」より作成

ＰＩＳＡといえば、国（地域）別の順位ランキングばかりに注目が集まるが、それは、各国に「ＰＩＳＡショック」なる言葉を生み落としたように、国際的な学力競争を煽ってしまう危険性もある。だから、ここでは、あくまで日本の子どもの学習到達度の推移だけを見ておく。

一瞥しておわかりだと思うが、二〇〇二年の「学びのすすめ」で「確かな学力」路線へと転換したことの効果は、たしかに二〇〇九年以降の調査結果に着実に現れている。政策転換の効果が実際に現れるまでに時間がかかるのは当然なので、二〇〇六年調査までの結果が下降傾向にあったということも説明がつくだろう。

とすれば、やはり「確かな学力」万々歳！　なのか。

OECDテストで成績が伸びた理由

もともと、ＯＥＣＤのＰＩＳＡは、子どもたちが知識を暗記し、それを試験で機械的に再現できるかどうかを測ろうとするものではない。子どもが日常生活の文脈に即して、知識を「活用」することができるかどうかを測ろうとして、長年の研究と試行錯誤のすえに開発されたものである。

比喩的に言ってしまえば、ＰＩＳＡは「試験学力」ではなく、「活用力（応用力）」を問おうとした。それこそが、二十一世紀の「知識基盤社会」を生きる個人に求められる力（「リテラシー」や「コンピテンシー」などともいわれる）であると考えられたからである。ありていに言えば、知識はグーグルの検索窓を通じて、いくらでも手に入れることができるが、それを有効に使いこなせるかどうかは、まさに個人の能力に左右される。知識を使いこなす能力こそが、個々人の生きる力となるというわけである。

こうした能力観や教育の理想は、大きく言えば、「ゆとり教育」や「生きる力」とも重なる部分をもっている。そして、じつは「確かな学力」とも。

「確かな学力」路線の口火を切った「学びのすすめ」（二〇〇二年）は、その文言にもあるように、子どもが「自ら学び自ら考える力の育成を図る」こと、「子どもたちが学ぶ楽しさを実感できる学校づくりを進め、将来、子どもたちが新たな課題に創造的に取り組む力と意欲を身に付けることを目標としていた。考えてみれば当然のことなのだが、「確かな学力」は、「ゆとりと生きる力」を標榜した学習指導要領が、いよいよ本格実施を迎えるという時期に登場した。だから、学力像や教育理念にかかわる「生きる力」じたいを否定したわけではないのである。

その意味で、「確かな学力」は、じつは、ＰＩＳＡ型の学力像とも親和性をもつ。事実、二〇〇七年に再開された「全国学力・学習状況調査」は、子どもたちが基本的な知識を身につけているかどうかを問う「問題A」と、そうした知識の活用力を問う「問題B」の二系列で構成されており（このほかにも、学習・生活環境についてのアンケート調査があるが）、「問題B」は、明らかにPISAを意識した内容となっている。

かくして、「確かな学力」が否定したのは、「生きる力」そのものではなく、「生きる力」の育成に必要だとされていた「ゆとり」であることがわかる。〝「ゆとり」が、実際には「ゆるみ」になってしまっていた〟とは、その後、教育政策や行政の関係者から、何度となく聞くことになったフレーズである。——なるほど。

ただし、だ。ここから、「確かな学力」路線の〝迷走〟も始まる。

懸念される「教え込み」型の復活

「確かな学力」路線は、理念としては「ゆとり教育」や「生きる力」を引き継いだ。しかし、それが実際に実施したのは、教育内容と授業時数の増加であり、「全国学力・学習状況調査」の実施であり（民主党政権下ではサンプル調査に切り替えられたが、その時期を除くと、悉皆調査として行なわれている）、土曜授業の解禁である。教育政策のがわとしては、かつてのような「新幹線授業」や、暗記や反復訓練を軸とする「詰め込み授業」を復活させるつもりではなかっただろう。だが、それを受けとめる教育現場にとっては、こうした「学力向上」事業の影響力は、なかなかに〝微妙〟である。

とくに「全国学力・学習状況調査」の悉皆実施は、テスト結果が都道府県別・区市町村別にわかってしまううえに、現在では、区市町村教育委員会の判断によっては、学校別の結果も公表できることになっている。このことが、学校現場におよぼす「圧力」は、甚大である。

都道府県の教育委員会のレベルでは、つねに他県との比較が気になり、区市町村の教育委員会では他市との比較が、そして、各学校においては他校との比較が「重圧」としてのしかかってくる。いきおい、教師たちの授業は、学力テストを意識したものとならざるをえない。子どもが「自ら学び、自ら考え判断する」ことを重視した指導に徹するよりも、まずは基本事項をマスターさせようとする「教え込み」型の授業を推進せざるをえない。授業の進度は、子どもたちの実態に合わせたペースではなく、学力テストの日程に照準される。なかには、学力テスト対策として、子どもたちに事前に「過去問」を解かせるような教師も出てくる。あげくのはてには、テストの当日、成績の悪い子には欠席させる、児童・生徒の答案を改ざんしてしまうといった「不正」までが起きてしまう。

これこそが、「学力テスト」体制の〝魔力〟である。

こうして、「確かな学力」路線は、その理念としてはＰＩＳＡ型の、「生きる力」とも呼応する学力像を標榜しつつも、実態としては、学校現場に「教え込み」型の授業を増幅させていく。それは、子どもたちに過度な学習負担を強いるとともに、学ぶことの楽しさや喜びを提供することもなく、「自ら考え、判断する力」の育成にもつながらない政策へと反転してしまうのだ。

4◈学力政策の振り子を超えて

詰め込み、ゆとり、また学力

これまでの経過の追跡に、すいぶんと紙幅を割いてしまった。そろそろ、この章の結論へと進もう。

あくまで単純化して書いたものだが、次ページの図が、これまでの経緯を図示したものである。まず、四角囲みに注目してほしい。これは、それぞれの時期における学力政策の基調を示している。このかんの四十年あまりの学力政策の歴史は、まさに振り子のように、「学力向上」のがわからスタートし、つぎには「ゆとり」のがわに振れ、再度「学力向上」のがわに戻ってきた。

もちろん、教育論としては、各時代にはこうした教育政策の基調に賛成の議論も反対の議論も存在したわけだが、その時点、その時点での主要な論調が、学力政策のがわに傾いていたであろうことは想像に難くない。そうした構図のもとで、「学力向上」vs「ゆとり」という争点が潜在化したり、ときには表面に踊り出たりしていた。

ただし、注意すべき点がある。それは、一九八〇年代以降の学力論は、二〇〇〇年代の「確か

ゆとり教育をめぐる議論の推移

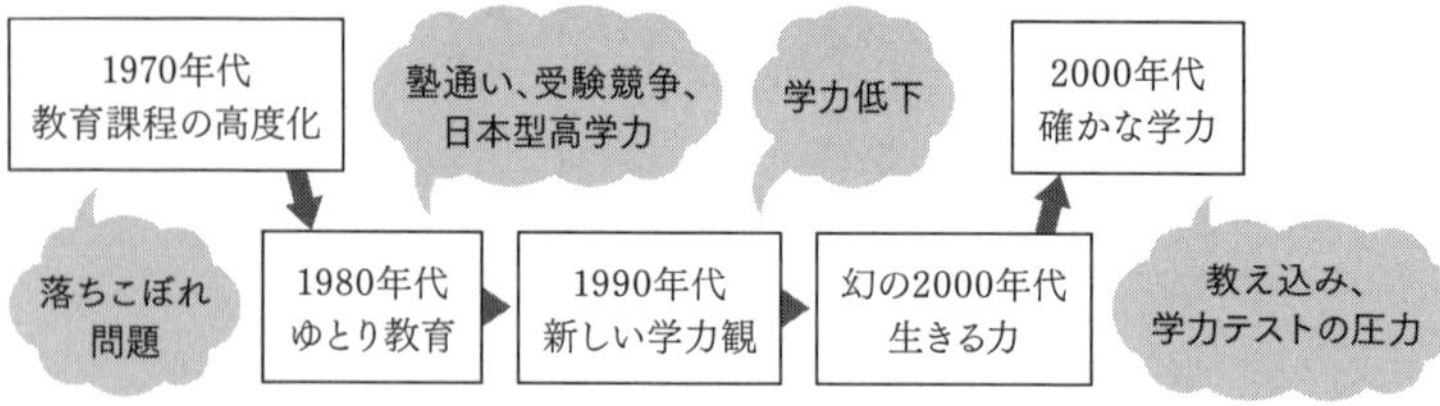

な学力」も含めて共通して、子どもたちの「学ぶ意欲」や「自ら思考し、判断する力」を重視しているということである。

一九七〇年代の学力論は、当時における科学技術の発展を背景として、子どもたちには必要な知識を修得してもらおうという、いわば「知識修得型」の学力観を背景としていた。これと対比すれば、その後の、とりわけ一九九〇年代以降の学力論は、子どもたちのみずから学んでいく力、いわば「学ぶ力」を学力の基礎におく学力観に立っている。

変化の激しい現代社会、知識やスキルの更新の速度が加速されていく二十一世紀の「知識基盤社会」を生き抜いていくためには、そうした「学ぶ力」が不可欠だからである。そして、このことは、「確かな学力」政策もけっして否定することはできないし、実際に否定もしていない。すでに述べたように、「確かな学力」路線が否定したのは、「ゆとりと生きる力」における「ゆとり」という方法であって、「生きる力」という理念ではなかった。ただし、それは、これまたすでに論じたように、子どもたちを「学力テスト体制」へと囲ってしまい、みずからがみずからの理念を裏切る反対物に転化してしまった可能性が高いのである。

学力論争をゼロベースに戻さないために

先のイメージ図に戻ろう。四角囲みをした各時期の学力政策の近くには、それぞれ吹き出しがつけてある。それぞれの時代に子どもたちが直面し、社会的にも問題化した現象である。

もちろん、実際の教育現実はもっと複雑であり、ほかにも多くの問題はあろう。また、子どもの層（家庭階層や学力レベル）によって、問題の現れ方が違うといったこともある。そうした複雑性があることを承知したうえで、状況の認識をクリアにするために、時期ごとの「問題」を単純化したのが、吹き出し部分の流れである。

これを見ると、おのおのの時代では、学力政策が振り子のどちらのがわに振れようとも、子どもたちの実態のところには、つねに「矛盾」や「しわ寄せ」がおしつけられていたことがわかる。

――この四十年ものあいだ、私たちの社会は、この国の教育は、いったいなにをやってきたのか。四十年あまりにわたって、大人たちは「教え込みvs自ら考える力」「競争vsゆとり」「基礎・基本の徹底vs総合学習」「学力向上vs生きる力」……をめぐって、百花繚乱の学力論議をくり広げてきた。ときには、論争も展開された。しかし、そんな大人たちの饒舌な〝おしゃべり〟と〝お祭り騒ぎ〟の足元で、結局は置き去りにされ、「矛盾」や「負担」をしわ寄せされてきた最大の犠牲者は、この国の子どもたちだったのではないのか。

もうそろそろ、こんな〝お祭り騒ぎ〟には終止符を打たなくてはいけない。

この章を終えるにあたって、これまでの議論から得ることのできる示唆をまとめておこう。これが絶対的な「正論」である、などと主張するつもりは毛頭ないが、学力をめぐるこれからの議論をふたたびゼロベースから始めてしまわないための、暫定的な「橋頭堡《きょうとうほ》」にはなるはずだと考えている。

学力論は、学校教育の内部のみでは完結しない——これからの学力論のために①

先のイメージ図における学力政策と、子どもたちにしわ寄せされた問題現象との関係を考えてみよう。両者は、単純な因果関係にだけあるわけではない。

もちろん、「現代化」をめざした一九七〇年代の教育課程の高度化が、「落ちこぼれ」の大量発生という現象を引き起こしたように、「学力政策→問題現象」という直接的な因果関係を想定できるケースもある。あるいは、現在の「確かな学力」政策が、学校現場に過重な「圧力」をかけ、子どもたちの学習負担につながっているというケースも、政策がもっている学力理念との齟齬《そご》があるため、学力政策が直接にそれを目的としたとは言えないとしても、やはり同様の関係を想定することができるだろう。

しかし、一九八〇年代の「ゆとり教育」路線は、政策意図としては、「落ちこぼれ」の解消と子どもの「学ぶ力」の育成をねらいとしていた。にもかかわらず、当時における受験競争の激化を背景として、それが家庭の教育熱を焚きつけてしまったがゆえに、かえって子どもたちの学習負担を増大させるという現実を呼びおこしてしまった。

また、「新しい学力観」は、その論理のうちに、子どもの学力格差を容認（正当化）する根拠を孕んでいたとはいえ、それが現実に、子どもたちの「学びからの逃走」や「学力低下」を引き起こすことに帰結したのには、受験競争の「弛緩」や、経済格差の拡大と貧困化を背景とした「家庭教育力の総力戦」状況の崩れがあった。これらの政策の場合には、「学力政策→問題現象」という直接的な因果関係を想定することはできない。

そうした意味で、単刀直入に言えば、教育政策は、子どもたちにどのような力を身につけさせるのかという「学力」の問題を、完全にコントロールする力などそもそももっていないのだ。そこには、受験システムのような制度的要因の影響、教育産業の動向や影響力、経済状況にも左右される家庭の教育力の状態などの複合的な諸要因が介在している。それらが組み合わさった「社会的力学」のなかでこそ、子どもたちの「学力」の帰趨が決まっていくのである。

だから、学校教育の「内部」での、学校の教育課程上の方針が、子どもたちの「学力」の帰趨を決めるなどということはありえない。それにもかかわらず、この国の大人たちは、かれこれ四十年にもわたって、「社会的力学」を構成する諸ファクターのうちの一部でしかない「教育課程上の方針」をめぐって（つまりは、学力政策をめぐって）、やれ「ゆとり」だ、やれ「学力向上」だ、とばかりに侃々諤々《かんかんがくがく》の議論をくり広げ、論争を展開してきた。それは、それじたい、極上に〝おめでたい〟話であり、「コップのなかの嵐」でしかなかったと言わねばならない。

まずは、学校教育には「限界」があることを認識すべきだ。いや、おそらく多くの論者は、そのくらいのことは、当然理解していると言うだろう。しかし、そうした論者たちの立論や主張が、学校教育の「限界」という前提をふまえたものになっていなければ、それは結局、「そのくらいのこと」を認識していないのと同然なのである。

学校教育に「できること」と「できないこと」を分けること。ここが、出発点である。本来は、学校に「できないこと」をどうコントロールするかという総合的な政策との関連で、学校に「できること」の政策を立てる必要がある。それが無理でも、少なくとも、学校教育に「できないこと」に属する社会的な諸要因がおよぼす影響にまで目配りをした、学校に「できること」の議論がなされなければ、これからの学力論をまえにすすめることにはならないだろう。

共有できる前提をふまえ、次の次元の争点を――これからの学力論のために②

すでに述べたことと重なるが、四十数年の論争や論議を経て、子どもたちに学校で身につけさせたい「学力」の中身について、その理念的な方向性は、しだいに収斂する方向に向かってきた。

一九九八年／九九年の学習指導要領がめざした「生きる力」も、それを批判した二〇〇二年の「学びのすすめ」もともに、子どもが「自ら学ぶ意欲」をもち、「自ら思考し、判断する力」を身につけることを目的としていた。いわば、変化の激しい「知識基盤社会」に漕ぎでていくための「学ぶ力」を育成するということが、このかんの議論の収束点なのだ（学力を「学ぶ力」ととらえることについては、苫野一徳『教育の力』講談社現代新書、二〇一四年、の魅力的な議論も参照されたい）。

しかし、両者は、そうした「学ぶ力」をどう育てるのかという方法論にかんしては、まさに対立するアプローチを採っていた。「生きる力」路線は、子どもたちにゆとりのある学習環境を提供することで、みずから学ぼうとする意欲や内発的な学習への動機づけが生まれてくると期待した。他方、「確かな学力」路線は、そうした「ゆとり」は「ゆるみ」にしかならないと判断し、他律的な強制の方法も含めて、基礎・基本を教え込むことを重視した。

この方法論的なアプローチの次元にかんしては、容易に決着はつかない。「神々の争い」となる可能性も強いので、今後とも対立や論争、論議は続くであろう。そのことは、しかたがない。しかし、重視すべきなのは、そうした対立や争いは、学力論はどこをめざすのかという究極の目的をめぐる「神々の争い」ではないという点である。「どこをめざすか」については、すでに共有できる前提が存在している。時代と社会状況が半世紀前へと逆戻りするといった「異変」でも起こらないかぎり、この「前提」は変わらないだろう。とすれば、ここでの対立や論争は、究極の目的を共有しつつ、そこへのアプローチをめぐる対立ということになる。

教育をめぐる論争は、こうした仕方で、「神々の争い」の次元を一つひとつブレイクダウンしていくことでしか前進しない。そうでなければ、いつでも〝ちゃぶ台返し〟が許され、そのたんに〝ふりだしに戻る〟が成立してしまうような、「不毛な論争」を抜け出ることはできない。その意味で、長い時間はかかったかもしれないが、学力論にかんしては、ようやく一つめのブレイクダウンができたともいえるのではないか。

おそらく、今後もさまざまな「学力論」が提出されるだろう。そのさいには、その「論」じたいの是非が議論されるのではなく、それが、どのような意味で、子どもたちの「学ぶ力」の育成につながるのかが検討・検証されるべきである。しかも、それは、①で述べたような意味で、学校教育の「外部」の影響力への視点をもったものでなくてはならない。

全員一律の対応には限界がある――これからの学力論のために③

これまでの長期にわたる学力論争とその変転を見てきて、気になるというか、率直に言って「違和感」が残ることがある。それは、これまでの議論においては、子どもたちの学力形成は、学校「内部」に閉じ込められた枠組みで議論がなされ、かつ、「全員一律に、いっせいに」という枠組みが保持されてきたということである。

「学校内部に閉じ込められた」という問題点については、すでに①で指摘したのでくり返さない。焦点は、「全員一律に、いっせいに」のほうである。

正確に言えば、一九九〇年代の教育界を風靡した「新しい学力観」は、「個に応じた」指導という論理でもって、戦後の日本の教育論にとっての〝お約束〟であった、この「全員一律に、いっせいに」という原則を破っていた。いわば〝禁じ手〟を使ったわけだが、しかし、だからこそ、これにたいする批判や反発も相当に強かった。それゆえ、その後の議論においては、「個性化」という原則は承認されつつも、「全員一律」をはずしてよいのかどうかについては、曖昧なままにされてきたといってよい。

もちろん事実として、子どもたちの能力や資質、学力には個人差があり、そうした個人差に応じた教育や指導が必要であることは、だれもが認識している。しかし、それは、ある意味で〝ホンネ〟の部分に属する認識であって、〝タテマエ〟としては、「みんないっしょ」が推奨される。ここには、日本社会に独自の「平等観」や「公平観」の影響も色濃い。

だからこそ、この国の教育課程は、小学校から高校まで「全員一律に、いっせいに」、学年ごとに同じ内容を学ぶという設計になっているのだ（高校段階においては、学科による分化はあるが）。つまり、みんなが同じことを学ぶという「タテマエ」を維持しつつ、その学習の指導や支援においては、個人の能力差に配慮し、異なる対応をとるという「ホンネ」が動員されているわけだ。

しかし、こうした想定――教え方や指導の仕方は異なるかもしれないが、全員が、学年ごとに、同じ内容を学ぶことができるという想定――には、やはり無理があるのではないか。学力論や学力形成論を実質的にまえに進めるためには、こうした〝擬制（フィクション）〟を見なおすということにも手をつけなくてはならないはずである。

ただ、そこまで踏み込むと、コトはおおごとである。安易に議論してよいことではないので、エリート教育について扱うつぎの三章で、あらためて、慎重に論じてみることにしたい。

第3章

タブーとしてのエリート教育

二〇〇六年、愛知県に、ある私立学校が誕生した。教育関係者を除けば、それほどの社会的関心を集めたわけではなかったが、設立時には、マスコミなどでもそれなりの報道がされたはずである。この学校の設置に尽力したのは、トヨタ自動車、JR東海、中部電力——東海地域の（いや、日本を代表するともいえる）屈指の大企業であった。

学校の名称は、海陽中等教育学校。中高一貫、全寮制の男子校で、入学定員は百二十名である。だれがどう考えても、寮生活を通じた全人教育で人格形成の土台を築きつつ、学校では英才教育を施すという、選ばれたエリート候補者のための学校であろう。実際、この学校の建学の精神は、「将来の日本を牽引する、明るく希望に満ちた人材の育成」におかれている。

右の賛同企業をはじめとする経済界は、いったいどんなねらいがあって、この学校の設置に踏みきったのだろうか。その背景には、彼らにとってのいかなる「危機感」が存在したのか。この点については、この章のなかで、おいおい述べていくことにしたい。

注目しておきたいのは、海陽中等教育学校の設置構想において、その牽引者たちが念頭におき、モデルとしたのは、おそらくは英国の「パブリック・スクール」（私立の名門中等学校）であり、戦前日本の「旧制高校」であったであろうという点だ。どちらも、少人数の全寮（寄宿）制教育で、将来の政界・財界・官界・アカデミズムの世界などにおけるリーダー層となるトップ・エリートたちを輩出しつづけた学校である。まさに、第一級の「エリート教育」機関であるといってよい。

しかし、英国のパブリック・スクールは、現在でも、その脈々とした伝統を維持して〝健在〟であるのにたいし、戦後の日本においては、旧制高校は、〝消滅〟する運命をたどった。それは、戦後直後の学制改革のさい、文字どおりに「旧制」の学校であるがゆえに、存在すべきポジションを失ったというだけではない。民主主義、人権、平等、教育の機会均等といった戦後社会の価値観に照らして、「旧制高校＝選抜された少数者のためのエリート教育機関」という存在じたいが、人びとから疎んじられ、その存在する場所を失ったのである。

かかる意味において、戦後の日本において、「エリート教育」は、一種の〝タブー〟である。

しかし、なぜ、エリート教育はタブーなのか。タブーとしつづけることに、どのような意義やメリットがあるのか。逆に、タブーとすることで、この国の教育が失ったものはないのか。

教育は、もちろん「平等」であるべきである。しかし、教育の平等は、すべての子どもと若者に、まったく同一の内容、まったく同一のレベルの教育だけを提供するという「形式的平等」を意味するわけではない。とすれば、将来、各界においてリーダーシップを発揮できるようなエリート人材の育成は、どうあるべきなのか。本来、国や社会が、こうしたエリート人材の養成に関心を寄せたとしても、それじたいはなんら不思議なことではないし、非難されるべきことでもないはずである。

くり返すが、「エリート教育」を論じること、それじたいが〝反民主主義的〟であるわけではない。民主主義社会にも、その社会を支えるリーダー的な存在やエリート的人材は必要である。

「エリート教育」の仕組みを整えていることは、それだけで〝民主主義国家〟からの脱落を意味しはしない。これが、世界の「常識」であろう。

ならば、日本の現状は、いまのままで大丈夫なのだろうか。東海地域の経済界は、世論の反応も気になったであろうが、しかしそれでも、海陽中等教育学校の設置に踏みきった。それは、明らかに彼らなりの危機感に端を発したものである。そして、それはそのまま、戦後教育のタブーへの〝挑戦〟でもある。その挑戦を、どう評価すればよいだろうか。

この章では、こうした戦後の日本における「エリート教育」をめぐる問題の構図を読み解くことを試みたい。ただし、この問題をめぐる議論や論争は、道徳教育や学力の問題と比較すれば、驚くほどに静かである。不思議なほどに寡黙である。当然、熱い戦いにはならずに、争点は、つねに水面下に潜伏している。

なるほど、タブーとはそういうことか、と思うのだが、僕自身はある種の「覚悟」を決めて、このタブーの成り立ちと、その構造の〝解剖〟に挑んでみたいと思う。

1◈リーダーを育てる「エリート教育」

英才教育との違い

とはいえ、冒頭からして、じつはなかなか筆が進まない。このテーマは、かなりやっかいなのだ。進まないのは「筆」ではなくて、「気もち」なのではないかという噂もあるほどだ（笑）――と、愚痴をいっていてもはじまらないので、まずは、ここでいう「エリート教育」とはなにを意味するのか、という点から始めることにする。この点で誤解があると、以下の議論は、ちぐはぐな受けとられ方をして、ただの〝すれ違い〟に終わってしまう危険性もあるからである。

日本でも、スポーツや音楽、芸術といった分野では、幼少期や少年期に「特別な才能」を認められた子どもが、その後も、その分野における特別な英才教育を受けることがある。音楽や芸術の場合には、家庭がそのための環境を準備し、費用負担もするというケースが多いだろう。プロスポーツやオリンピック競技になっているようなスポーツ種目の場合には、クラブチームや競技団体、オリンピック委員会などが組織的に、場合によっては国からの公費も投入されて、そうした「特別な才能」をもった子どものための育成・教育環境を準備することもあろう。

ただ、この章で論じてみたい「エリート教育」には、こうしたスポーツ、音楽、芸術といった諸分野における「英才教育」は含まない。たしかに、これらも、エリート教育といえば、いえなくもない。しかし、これらは、「特定の分野に秀でた才能」を伸ばすための教育である。こうした英才教育を受けた者たちは、国際コンクールや世界的な競技大会などにおいて、「日本」や「日の丸」を背負うことがあるかもしれないが、彼らが、戦前の旧制高校の出身者と同じような意味で、この国と社会を背負うということまでは想定されていない。

そして、そもそもこうした特定の分野における「英才教育」は、戦後の日本においても、「平等主義」がきわめて根強いこの社会においても、けっしてタブー視されたりはしていない。ここは、重要なポイントである。

同様に、先進諸国の教育界には、「特別ニーズ教育（特別なニーズをもった子どものための教育）」(Special Needs Education) という概念がある。日本でいえば、「特別支援教育」（障害児教育）の概念が、これにもっとも近いといえるが、欧米における「特別ニーズ教育」には、障害児教育だけではなく、「特別な才能をもった子どものための教育」(Gifted and Talented Education) が含まれることが多い。

数学や科学（理科）といった分野において、特別に秀でた才能を見出された子どもは、通常の教育課程から離れて、その子の能力や学習ニーズにあった特別な教育を施される。それは、「飛び級」のようなかたちで、学校制度内で対応されることもあれば、学校外のセミナーなどで対応される場合もある。結果として、数学の能力に優れた十四歳の少年が、英国のケンブリッジ大学に入学を許可されるといったニュースが、(もちろん頻繁に起きるわけではないとしても)飛び込んできたりもする。

ただ、こうした意味での「特別な才能をもった子どものための教育」も、この章で僕が論じようとする「エリート教育」には含めない。それは、スポーツ、音楽、芸術といった分野と同様に、「特定の分野に秀でた才能」を伸ばすための教育だからである。

リーダー層を育てる教育

ここまで読んでみて、そんなに〝違う、違う〟というのなら、おまえのいう「エリート教育」とはいったいなんなのだ、といぶかしく思われる読者も少なくないかもしれない。

たしかに、そのとおりである。しかし、悲しいかな、戦後の日本には「これがエリート教育のモデルだ」と、堂々と主張できるような学校や教育は存在していない。いや、この国においては、そもそも、そうした学校や教育が存在すべきであるのかどうか、から議論をはじめる必要があるのだ。

そこで、とりあえず定義ふうに述べてみる。――「エリート教育」とは、「特定の分野の才能に秀でた人材を育てるための教育」ではなく、「将来の国や社会を担い、リーダー層として活躍することが期待できる人材を育てるための教育」である、と。

「エリート」という以上は、厳しい選抜をくぐり抜けた少数精鋭の人材である必要はある。学業成績や知的能力についても、一定以上の水準をクリアしていることは前提となる。しかし、その全員が、〝世界トップクラス〟や〝ノーベル賞級〟である必要はない。ここが、特定の分野において「特別な才能をもった子ども」のための教育とは違うところだ。

かわりに、徹底して重視されるのは、人間性や人格の陶冶《とうや》であり、将来の指導者となるにふさわしい資質の涵養である。強固な精神力、自立心、リーダーシップと協調性、心身の健康といった素養を身につけること、なんといっても、将来の国や社会を担い、指導的立場を担いながら、みずから国や社会、公共に貢献していく「志」や自負をもった者を育てることが重視される。

こうした教育（人格陶冶）をめざすにあたっては、学校教育（スクーリング）という形式は、かならずしも最適なものとは言えない。だからこそ、英国のパブリック・スクールも、戦前日本の旧制高校も、全寮（寄宿）制という教育のスタイルを採用していた。そして、かの海陽中等教育学校も。

エリート教育は、教室の机上でだけ行なわれるものではない。学校のさまざまな活動を通じて、寮での集団生活を通じて、ときにはメンターとなる師や先輩からの薫陶を受け、ときには生徒・学生どうしが切磋琢磨しあいながら、「エリート」となるための素養を身につけていく。寮生活のなかでは、恋愛や人生について、国家・社会について、口角泡を飛ばして議論し、教養主義の香りのする本も読み漁る。そうした学校文化や学生文化こそが、若者たちを将来の「指導者」へと鍛え上げていくのである。

この意味では、エリート教育は、〝教えられる〟ものではなく、子どもと若者が、環境のなかで自然に〝体得〟していくものなのかもしれない。教育機関にできることは、そうした〝体得〟をうながすような環境を醸成し、環境そのものに「感化」の力を発揮させることである。著名な教育者であったペスタロッチが言った意味で、それは、「生活が陶冶する（Das Leben Bildet.）」の世界にほかならない。

エリート旧制高校の「蛮カラ」

ところで、話は少しだけ逸れるのだが、戦前の旧制高校というと、旧制高校生たちがはたらいた（とされる）さまざまな〝蛮行〟や、それにまつわるエピソードのたぐいに事欠かない。酒を飲んでは、寮歌を歌いながら街中を練り歩く、といったことからはじまって、当時の青春群像たちの「蛮カラ」と「自由奔放」は、とどまるところを知らなかった。寮生活では、「ストーム」（徒党を組んで、大声を上げながら、他人の部屋を〝奇襲〟し、〝乱暴狼藉〟をはたらくこと）や「寮雨」（寮の階上から立ち小便をすること）といった伝統まで存在していたという（吉松安弘『旧制高等学校生の青春彷徨――旧制府立〈都立〉高等学校の昭和時代』彩流社、二〇一二年、などを参照）。

まあ、好きにしなさい！　といったところではあるのだが、それにしても、だ。旧制高校生といえば、同世代のなかでは、選びに選びぬかれた一％のエリートである（もちろん、戦前の学校体系なので、男子のみ！）。優れた師に恵まれた絶好の環境のもとで、語学やリベラルアーツの教育を受けながら、いずれは帝国大学に入学し、その後は、さまざまな分野で「帝国日本」を背負っていくことになる人材であった。

そんな彼らが集う旧制高校という場に、なぜ、かくも自由奔放な「蛮カラ」な学生文化が宿ることになったのか。現在の感覚で考えてしまうと、少々不思議ではある。

しかし、それは〝必然〟だったのだ――と教えてくれたのは、僕が学生時代に受講した「日本教育史」の授業である。ご担当は、日本教育史の権威であり、大学自治制度の成立史研究で博士論文を書かれていた寺崎昌男先生。

この点について、先生が活字の論文を残されているのかどうかは調査不足であり、かつ、講義を受けた当時の僕のノートが残っているわけでもない。よってここからは、完全に記憶にもとづく記述になる。が、「なるほど!」と十数回はうなずいてしまった「旧制高校生×蛮カラ文化」についての先生の説明は、つぎのごとくであった。

旧制高校は、帝国大学の予科として位置づく高校であったため、卒業生は、ほぼ全員が帝国大学に進学することができた。そのため、そもそも旧制高校に入学するためには、熾烈な「受験競争」を勝ちぬかなくてはいけなかった。運よく合格できた者たちは、そのままでも粒のそろった秀才ばかりである。しかし、その彼らには「いったん馬鹿になる」ことが求められたのだ。

「受験エリート」として育った彼らは、知的能力には秀でていたかもしれないが、その人間性は、意外に〝ひ弱〟であった可能性も否定できない。地元ではなんでも知っているつもりでいても、その見聞していた〝世間〟は、あんがいに狭かった可能性もある。なかには、『山月記』（中島敦、一九四二年）の登場人物である李徴のように、「臆病な自尊心」と「尊大な羞恥心」に苦しむ者もいたであろう。

しかし、将来のエリート候補としての彼らには、そんな「受験エリート」のままでいることは許されなかった。国家・社会を背負って立つ指導的立場の者に求められたのは、優れた知性だけではなく、豊かな人間性でもあったのだから。

だからこそ、彼らは「いったん馬鹿になる」必要があった。「馬鹿」になって古い自分を壊し、新しい世界を広げる。自我を解放し、仲間と深く交わることが必要だった。そうした新しい自分づくりに向かうためのイニシエーション（通過儀礼）の役割を担ったのが、だれもが圧倒される、あの、旧制高校の「蛮カラ文化」だったのではないか、というわけである。

戦前にもあった受験競争

見事な説明には脱帽するしかないのだが、一つだけ、補足的な説明をしておこう。

ひょっとすると読者のなかには、「受験競争」や「受験地獄」といわれるような現象は、戦後になって登場したことなのではないかと、いぶかしく思われる人がいるかもしれない。

たしかに、大衆的な規模で（つまり、ほぼ全員が競争に参加するという意味で）受験競争が加熱したのは、高度経済成長期を経た一九七〇年代以降に顕著になった社会現象である。しかし、競争への参加者が、「新中間層」に限定されていたという条件の違いはあるとしても、戦前の日本においても、れっきとして「受験競争」は存在した。のみならず、かなりの程度まで加熱していたのである。

明治二十年代には、早くも受験のための学校案内のガイドブックが刊行されはじめ、その後は「受験雑誌」の創刊が続く。これらの雑誌が作りあげたのは、正しい「受験生」像にほかならなかった。怠惰や快楽は悪であり、刻苦勉励につとめ、蛍雪読書に励むのが、「受験生」の正しい姿であると説かれた。まさに「受験生」としての禁欲的生活スタイルの誕生である。

また、明治四十年代にもなれば、大学の予科がつぎつぎと設置されるようになり、東京の神田などは、すでに予備校の街として、地方出身者も含めた受験生たちであふれかえっていた。さらに、旧制中学に行くことのできない「苦学生」のためには、受験参考書ならぬ（中学校教育を独学で学ぶための）「講義録」が発売されてもいたのだ（竹内洋『立志・苦学・出世――受験生の社会史』講談社現代新書、一九九一年、を参照）。

ようするに、一九七〇年代以降に僕たちが見ることになった「受験競争」や「受験ブーム」の、いわば〝ミニチュア版〟は、対象となる階層が限定されていただけで、じつは戦前から存在していた。そのなかで旧制高校を志願し、実際に合格するというのは、並大抵のことではなかった。だからこそ、その入試に通るためには、規範的な「受験生」的禁欲生活を送ることも強いられたのである。

結果として、すでに述べたように、旧制高校に入学できた者たちが、人間性の面では、ある意味での〝たくましさ〟を欠いた、ひ弱な「受験エリート」であった可能性は否定できない。

しかし、逆の観点から見れば、「エリート教育」の場としての旧制高校の〝凄さ〟は、まさにこうしたひ弱な彼らを、その反対物にまで〝化けさせて〟しまう点にこそあったといえる。

学業の面において、旧制高校が、きわめてレベルの高い教育をしていたことは疑いない。優秀な教師たちが集まり、少人数教育という恵まれた環境が実現していたがゆえに、学生たちは、すべからく若き知性を鍛え、幅広い教養を獲得することができたであろう。

しかし、それ以上に、ひ弱な「受験エリート」であったかもしれない彼らを、将来の国や社会を背負う自負をもった「エリート」へと育てあげること、こうした人格陶冶の力をもっていたことこそが――それは当然、旧制高校の公式の教育課程だけが成し遂げたことではなく、寮生活を含めた学校文化・学生文化の〝教育力〟〝感化力〟でもあったのだが――旧制高校の教育の〝真骨頂〟であった。

受験エリートと真のエリート

なぜ、累々とこんなことを述べてきたのかといえば、僕が、個人的な懐古趣味で、いまは消滅してしまった旧制高校という存在への想像上のノスタルジー（郷愁）に浸ろうと思ったからでは、もちろんない。じつは、見てきたような点は、「戦後教育とエリート教育」の関係について考えるさいの、かなり核心的な論点を突いているように思えたからである。

単刀直入に、なにごとも包み隠さずに、言ってしまおう。

戦後の教育界においても、「受験エリート」たちが入学し、さらなる上級学校への進学をめざした「受験エリート教育」を施す学校は数多く存在し、いまもなお〝繁栄〟している。しかし、戦前の旧制高校がそうであったような意味で、「受験エリート」を本物の「エリート」に変貌させる、そんな本来の「エリート教育」を実践している学校は、いつしかその存立基盤を失いつつあるのではないか。

〝消滅してしまった〟とまで書くと、明らかに言いすぎだろうが、戦後のある時期までは、〝旧制高校的なるもの〟の文化を引き継いだ学校や教育があったとしても、それらは、しだいに存立の基盤を揺るがされ、その本領を発揮できなくなってきたというのが、現在に至るまでの経過ではないのか。

そうだとしたら、こうした状態を放置しておいたままで、この国の教育は大丈夫なのか。この国と社会の将来に向けた人材育成に不安はないのか。――これが、この章で考えてみたい焦点的な「問い」である。

「受験教育」栄えて「エリート教育」滅ぶ、であれば、まだいい。滅ぶのは、「エリート教育」だけなのだから。しかし、そのことが、国家・社会の維持や活力までをも危うくしかねないのであれば、「エリート教育」などというものは、古い世代のノスタルジーとともに捨て去ってしまえばよい、とは簡単には言えなかろう。

日本におけるエリート教育のやっかいさ

この問題は、日本のように横並びの「平等意識」が強く、「教育の機会均等」が、社会的な公平感からも強く求められる社会が抱える固有の問題でもある。

実際には、日本だって、れっきとした階層社会である。階層間の格差は、一九七〇年代までは縮小する傾向がみられたが、それ以降は、むしろ拡大してきている（佐藤嘉倫ほか編『現代の階層社会1――格差と多様性』東京大学出版会、二〇一一年、などを参照）。現在では、それが「貧困化」の問題ともクロスして、深刻な社会問題になりつつある。

ただ、にもかかわらず、戦後の日本社会においては、人びとの教育行動や進学行動を、「階層」や「階層文化」の壁によって、厳然と区切ってしまうような〝分断線〟は引かれてこなかった。いや、現実には、教育費用の負担や「意欲」格差の問題もあるので、目には見えにくい〝分断線〟が、厳として存在している。そして、多くの人は、そのことに気づいてもいる。

しかし、社会意識としては、人びとの教育行動が「階層」によって制限されることを、けっして〝よし〟とはしない。特定の「エリート校」や「エリート大学」があるとして、特定の社会階層からは、これらの学校には志願さえできない（入学試験さえ受けられない）といった〝制限〟がかけられることは、絶対に許容されない。だれにでも平等にチャンスが与えられるべきだ、と考えられている。それほどに、戦後の日本社会には「教育の機会均等」の理念が浸透しているのである。

現実には、戦前、そして戦後の日本においても、「階層的再生産」のメカニズムは、〝巧みに〟作動してきた。恵まれた社会階層の家庭出身の子どもは、〝名門校〟や〝名門大学〟に進み、出自の階層にふさわしい職業に就き、高い社会的地位を手に入れる——。全員がそうなるわけではもちろんないが、そうなる確率は、ほかの階層の家庭出身の子どもと比べれば、はるかに高い。

これが「現実」である。ただ、にもかかわらず、こうした現実にたいして「例外」も存在するという事実が、決定的に重要なのだ。

戦前には、地方在住の貧しい家庭出身の「苦学生」のなかにも、艱難辛苦《かんなんしんく》のすえに旧制高校に入学し、その後、帝国大学へと進学する者が存在した。戦後においても、生活困難な家庭で育った子どものなかにも、東大に入学する者はいる。数や確率という点では、圧倒的に少ないし、低い。しかし、こうしたアメリカン・ドリームならぬ〝ジャパニーズ・ドリーム〟を体現する者が、たとえごく少数であっても存在するという事実が、「教育の機会均等」理念にたいして、社会意識のうえでの圧倒的な「支持」を取り付けるのである。

本当のところ、「教育の機会均等」は、「階層的再生産」をあまりに固定的・静態的なものにしないための〝潤滑油〟程度の機能しか果たしていない可能性も高い。しかし、それでも、「機会均等」という〝輝かしい〟前提があるがゆえに、人びとは、「階層的再生産」という現実に気づいていても、それを〝安心して〟眺めることができるのだ。チャンスはだれにでも開かれているのだから、「再生産」という統計的事実は、けっして〝不当な〟ものなどではないのだ、と。

こうして、日本における「エリート教育」は、特有の〝やっかいさ〟を抱え込むことになる。つまり、こういうことだ。

ある学校や大学が、将来のこの国や社会を担う「エリート」のための教育をしようと志したとする。しかし、だれを対象として、「エリート教育」を行なうのか。その候補者の選定には、当然「教育の機会均等」原則が大前提となる。通常は、入試によって入学者を選抜する。こうした学校は、たいていは人気を博す。そうすると、入学をめぐる競争は、激化する。結果として、本物の「エリート教育」をやろうと志したはずのこの学校は、いつのまにか、「受験エリート」で満たされた学校になってしまう。――これが、〝やっかいさ〟の正体である。

べつに、「受験エリート」が悪いわけではない。象徴的な言い方をすれば、「受験エリート」であっても、同時に、しっかりとした「志」をもった人物であれば、こうした学校にとっては大歓迎であろう。しかし、受験競争が、一定の〝閾値《いきち》〟を越えて激化してしまうと、「志」などというものは脇において、ただひたすら受験準備に専心した者のほうが、合格しやすくなってしまう可能性がある――これが、問題なのである。

2◈エリートの劣化と、選抜システムの危機

タフな東大生を育成？

さて、ここまでの議論では、この章で問題としたい「エリート教育」とはいったいなんなのかを明らかにしたうえで、それを実施することは、戦後日本の教育界においてはなかなかに難しいということを述べてきた。

しかし、こうした論の立て方の「前提」には、この国の教育には、なんらかのかたちでの「エリート教育」が必要であるという認識が潜んでいる。僕自身、そのことを包み隠すつもりはない。

ただし、読者のなかには、〝そうした「前提」そのものがおかしいのではないか〟〝エリート教育などというものは、戦前の日本であればともかく、戦後の民主主義社会にはふさわしくないのではないか〟といった意見をおもちのかたもいるだろう。

たしかに、一理ある。そこで、以下では、そもそも「エリート教育」は必要なのかという論点の吟味をしてみたい。

個別の事例ではあるが、〝象徴的〟な話をしよう。

東京大学は、日本を代表するトップランクの大学であり、そこに入学するための選抜度も特段

に高い。ある意味では、将来の各界におけるエリート候補者たちが学ぶ大学であるといってもよかろう。東大自身も、大学の理念・目的を示す「東京大学憲章」(二〇〇三年制定)の前文において、みずからが「世界的な水準での学問研究の牽引力」となると同時に、「市民的エリートが育つ場」となるべきことを宣言している。

ここで言うエリートは、社会の各分野において指導的ポジションに就くものの、その任に就く者の責任と使命を自覚しようともせず、視野狭窄に、自己の利益の最大化にのみ奔走するような〝俗物〟エリートのことでは、もちろんない。そうではなくて、「公正な社会の実現、科学・技術の進歩と文化の創造に貢献する、世界的視野をもった市民的エリート」である。

個人的には、東大が、この国の学問研究の発展のために果たすべき役割や責務だけではなく、学生にたいする教育の場としてのみずからの役割と使命を自覚し、それを社会に宣言していることは、賞賛されてよいことだと考えている。

ところが、だ。その東大が、二〇一五年三月までになにをめざし、なにを行なうのかを具体的に定めた中期ビジョンに、「東京大学の行動シナリオ FOREST2015」がある。そのなかの「重点別行動シナリオ」の一つに掲げられたのは、『タフな東大生』の育成」なのである。

これは、いったいどういうことなのか。僕も最初は、正直、プッと吹き出しそうになってしまった。だが、すぐに、これは笑うに笑えない事態にちがいないと確信した。ようするに、『タフな東大生』の育成」という行動シナリオの背後には、東大のスタッフたちの率直な、そして根の深い〝危機感〟があるのではないか。

この大学が迎え入れる学生たちは、だれがどう考えても、同世代の若者のなかでは、選りすぐりの知的能力を有した、優秀な学生たちであろう。しかし、その彼らが、東大が考える「市民的エリート」へと育っていくためには、〝なにか〟が足りないのだ。そのギャップを埋めるための方策が、「タフな東大生」の育成という方針なのであろう。

具体的には、海外体験やボランティアなどでの社会活動への参画が考えられていたようであるが、世間をにぎわせた（現在は、〝頓挫〟している）「秋入学」（＝ギャップタームの創設）という方針も、こうした点での危機意識に端を発したものであると考えることができる。

〝大物がいなくなった〟

東大のスタッフたちが感じているのであろう「憂鬱」は、まさに先ほどの話と重なってくる。本物の「市民的エリート」が育つ場を創ろうという志をもっても、その教育を受ける対象者は、難易度の高い入試を通じて選抜されてくる。そして、受験競争や受験文化が〝黄熟《おうじゅく》〟してくると、結果としてそこには、〝ひ弱〟な「受験エリート」ばかりが集まってしまうという問題である。

考えてみれば、最近、政治家や企業のトップ、官僚といった世界で、指導的な立場に立つはずの者の〝劣化〟が話題になっている（大学教員の世界も、もちろん例外ではないのだが）。

〝大物がいなくなった〟〝立場の違いを超えても尊敬されるような人物がいない〟〝リーダーシッ

プを発揮するどころか、結局は保身にしか走らない〟——表現は異なっても、言わんとするとこころは、共通している。

各界でリーダーシップを発揮すべき立場に立つようなエリートには、高い学歴や、選抜をくぐり抜けた「優秀さ」だけではなく、「人間性」や社会的な課題意識といった点においても、〝ひとかどの人物〟であってほしい。自己利益に拘泥するのではなく、つねに社会全体への貢献意識をもっていてほしい。いわば、「ノブレス・オブリージュ」(特別な地位にいる者には、相応の義務がともなうという意味)の自覚である。しかるに、最近の「エリート」諸君は、いったい?——というわけである。

東大の「憂鬱」の種である「受験エリート」の〝ひ弱さ〟の問題と、近年、話題になりがちな各界のエリートの〝劣化〟という問題は、おそらくは地続きの関係にある。そして、そのことにたいする危機感は、じつは、この国の為政者たち、あるいは財界の中枢にいるような人たちのあいだにも広まりつつあるのではないか。そのことと、東海地域の経済界による海陽中等教育学校の設置が、無関係であるはずはない。

大学入試改革をめぐるジレンマ

議論が広がりすぎるように思われるかもしれないが、教育再生実行会議の「第四次提言」(二〇一三年)は、大学入試にかかわって、現行の大学入試センター試験を廃止して、「達成度テスト

（基礎レベル、発展レベル）」を導入することを提言した（この提言の背景などにかんするくわしい検討は、拙稿「高大接続と大学入学者選抜のリアル」『現代思想』二〇一四年四月号、青土社、をぜひ参照していただきたい）。

達成度テストの「基礎レベル」は、大学進学率の上昇と推薦入試・AO（アドミッション・オフィス）入試の拡大を背景として、日本の大学生の学力の〝底が抜ける〟ことを防ごうとするねらいのものであるので、ここでの議論とはあまり関係しない（その後、二〇一四年に出された中央教育審議会の答申「新しい時代にふさわしい高大接続の実現に向けた高等学校教育、大学教育、大学入学者選抜の一体的改革について」では、「基礎レベル」は「高等学校基礎学力テスト（仮称）」と名づけられた）。

しかし、「発展レベル」は、最上位の大学までをカバーするものであり、これを土台としつつ、各大学が個別に「人物本位」（この表現じたいは、マスコミによるものである）の二次試験を課すことを期待するものである（同様に、「発展レベル」も、「大学入学希望者学力評価テスト（仮称）」とされた）。

「発展レベル」の達成度テストとは、誤解を恐れずに単純化してしまえば、各大学の入学者選抜においては、試験の一点刻みの得点で合否を決めるような方法をやめたらどうか、という提案である。「達成度テスト」の評価は、少なくとも教育再生実行会議の提言の段階では、「素点」を示すのではなく、「段階別のレベル」を示すものとされていた。

こうした改革に加え、もし各大学が実施する二次試験が、教育再生実行会議が期待するように、高校時代の活動実績や面接、小論文、グループ討論、授業を聴講したうえでの論述試験といった形式で行なわれるようになると仮定すると、たしかに、日本の大学入試は大きく様変わりする。

そこで評価されることになるのは、おそらく「人物本意」などという曖昧で、恣意的な評価に傾きがちな能力や資質ではなく、一定の学力があることを担保したうえで、多様な活動経験によって培われた視野の広さや人間的なたくましさ、柔軟な思考力や多面的な角度からの判断力、応用的で創造的な知的能力といったものになるだろう。

こうした改革が本当に実現するのであれば、それは、高大接続や大学の入学者選抜の改善策として、けっして悪い方向にはない。むしろ、好ましい「改革」であるといえる。

入試改革のやっかいさ

ただ、多少とも意地の悪い見方をすれば、そもそもかつてAO入試が導入されたさいにも、関係者たちは、これと同じような「夢」を見ていたのではないか。

AO入試は、一九九九年の中教審答申「初等中等教育と高等教育との接続の改善について」が、「受験生を多面的かつ丁寧に見る」ための入試方式としての活用を提言して以降、一気に全国の大学に広まっていった。しかし、その後の十数年、AO入試は、どのような〝命運〟をたどったのだろうか。——単刀直入に言って、「夢」は、悲惨なまでに打ち砕かれたというほかはない。

現在、AO入試は、推薦入試と並んで、大学生の学力低下を招いた〝元凶〟であるかのような扱いを受け、一般入試での学生募集に困難を抱える私立大学を手助けしているだけだ、といった厳しい批判の声にさらされている。だからこそ、導入から十年も経たないうちに、「高大接続テスト（仮称）」（中教審答申「学士課程教育の構築に向けて」二〇〇八年）といった学力試験を課すことで、学力水準の担保をはかろうとするアイデアが、再浮上したりもした。前述の「高等学校基礎学力テスト」は、明らかにその延長上に位置づくものである。

ただし、達成度テストの「大学入学希望者学力評価テスト」の提案の場合には、AO入試の実態が問題化したような大学群よりもかなり上位の大学群を念頭においており、しかも、段階別のレベルで評価されることになったとしても、「大学入学希望者学力評価テスト」の到達度テストじたいが、一定の学力水準の担保となることは間違いない。

とはいえ、ここから先が、「入試」というものの〝やっかいさ〟である。

いくら二次試験の方法を工夫したとしても、「試験」という形式において、視野の広さや人間性、柔軟な思考力や判断力、創造的な知的能力といったものを測ることができるのか。そもそも日本の大学の教員に、そうした能力を判定する力量があるのか、といった疑念は、当然のことながら存在する。アメリカの名門大学で実施されているAO入試のように、入学者選抜のみを任務とするアドミッション・オフィスが存在し、そこに専属する専門的スタッフが、数か月もかけてていねいに選抜を行なうといった条件があれば、別なのかもしれない。しかし、日本の大学には、たとえトップクラスの大学であったとしても、およそそのような条件はない。

さらに、これが、この国の受験産業の〝凄い〟ところなのであるが、大学入試が変わったとしても、それが〝商売〟になる以上は、かならずその変化に対応した「対策」が登場してくる。小論文試験や英語のヒアリング試験の導入のさいにも、ＡＯ入試での志望理由書や面接の導入においても、まさにそうであった。

教育再生実行会議が期待するような「人間力」や総合的な知性にもとづく選抜には、本来、ノウハウやテクニックなどは通用しないはずである。しかし、それでも、〝擬似ノウハウ〟や〝テクニックもどき〟の「対策」を開発してしまうのが、この国の受験産業なのだ。結局、こうした意味での大学がわの「出題の工夫」と受験産業のがわの「マニュアル的対策」の〝イタチごっこ〟は、これからも続くのではないか。海外経験を評価してもらうための留学プログラムは、現在でも存在しているし、今後は、（笑えない話ではあるが）「タフな人間性を鍛えるための野外キャンプ」プログラムなどといったものが、東大の志望者向けに提供されるようになるかもしれない。

こうして、「大学入学希望者学力評価テスト」の実施を軸にして、大学入試改革が進んだとしても、それが、当初の目的を実現できるかどうかは、相当に不透明であると言わざるをえない。

エリート教育失敗への危機感

話をもとに戻そう。

この章の冒頭でふれた、東海地域の財界の意向をくんだ海陽中等教育学校の設置、「タフな東大生の育成」を目標に掲げざるをえない東大の「憂鬱」、各界におけるエリート層の〝劣化〟という認識の広まり、ＡＯ入試や「大学入学希望者学力評価テスト」の導入による「人物本意」入試の模索。――これらはすべて、二十一世紀に入ってからの、この十数年のうちに起きてきた出来事である。

雑多な事象のように見えるかもしれないが、じつは、根っこの部分には、共通した認識が横たわっているのではないか。端的に言ってしまえば、この国の「エリート教育」および「エリート選抜」が、上手に機能しなくなっていることへの危機感である。

すでに述べたこととも重なるが、「教育の機会均等」を大原則とする戦後の教育制度においては、将来のエリート候補者の選抜は、高校や大学における入学試験に任されてきた。その「選抜」が、いまではうまく機能しなくなっている。――本物の「エリート」ではなく、「受験エリート」ばかりを利してしまっている。そして、教育機関のがわは、彼らを「志」をもった本物のエリートへと育てていく「エリート教育」に失敗している――と考えられるからこそ、入試制度の改変が目論まれるわけでもある。

言ってしまえば、現行の受験競争のシステムは、将来のエリート候補者をもスポイルして（ダメにして）しまっている、という認識である。だからこそ、入試制度の改革などという〝悠長な〟対応など待っていられない、といらだつ経済界は、自分たちの手で、「選ばれた少数者のための本物のエリート教育機関」を創るという方向に動いたのではあるまいか。

この十数年の動きは、こうした地続きの地平の上に、つまりは、この国における「エリート教育」の機能不全への危機感が、具体的な政策やアクションとして、いよいよ社会の表面に出てきたというふうに読み解くことができるのだろう。

平等主義のもとでのタブー

戦後のこの国は、そして、この国の教育は、「エリート」や「エリート教育」について語ることをタブーとしてきた。語られない以上は、激しい論争や対立も起こりようがなかった。もちろん、政府や経済界のなかには、エリート養成の問題に本気で取り組まなくてはいけないという認識が、ある時期からはもたれていたのかもしれない。そして、そのための行動も、まったくとられてこなかったわけではない。

たとえば、公立の中高一貫校を設置することは、戦後の保守政権下での教育政策にとっては、早くからの「課題」であった。めだつところだけでも、一九七一年の中教審答申「今後における学校教育の総合的な拡充整備のための基本的施策について」においては、〝先導的試行〟として公立の中高一貫校を設置することが提起され、一九八五年の臨時教育審議会「第一次答申」でも、「六年制中等学校」の導入が謳われた。

しかし、こうした提案にたいしては、そのつど、戦後の単線型の学校体系（六・三・三・四制）と「教育の機会均等」の原則を踏みにじり、戦前的な「エリート教育」を復活させようとするものだ、といった強い疑念や批判の声が寄せられた。教育政策のがわも、そこを〝強行突破〟しようとはしなかったので、結局、公立の中高一貫教育の導入が実現したのは、ずいぶん遅くになって、一九九七年の中教審答申「21世紀を展望した我が国の教育の在り方について（第二次答申）」での提言を経た、一九九八年（学校教育法の改正）のことである。

しかも、そのさいには、中高一貫教育の導入の根拠は、学校制度の「多様化・多元化・弾力化」を実現するという点に置かれた。つまり、公立の中高一貫校が〝エリート校〟化すること、そのために、中学入学段階での受験競争が加熱することにたいしては、少なくない批判が起こることを想定していたのである。

実際、国会での学校教育法改正の審議では、こうした批判がわきおこり、法案の成立のさいには、わざわざ「附帯決議」として、公立の中高一貫校の入学者選抜においては、選考方法として学力試験は用いないということが盛り込まれた。提案者のがわからすれば、〝苦肉の策〟としかいいようのない「妥協」であった。

ことほどさように、戦後の日本社会は、「平等」や「教育の機会均等」が〝大好き〟であり、その裏返しとして、「エリート教育」は、タブーとして避けられてきたのだ。

論理的に考えれば、戦後においても、きわめて選抜度の高い、〝エリート校〟的な存在の有名私立中高一貫校は存在してきた。そして、その存在じたいが、否定されたりはしていない。しかし、そうした学校に通うには、受験準備や授業料負担という意味でも、「階層文化」的なインセンティブという要因においても、経済的に恵まれた階層の家庭の子どもが、圧倒的に有利なポジションにある。

そうだとすれば、公立の中高一貫校（エリート校）を設置したほうが、社会階層にかかわらず、だれもが〝エリート校〟に通えるチャンスが増える。そうした意味で、実質的な「平等」や「機会均等」の実現につながるとする考え方も、じゅうぶんに成り立つはずである。ただ、にもかかわらず、この国の社会意識のうえでは、そうした考え方は選択されない。「エリート教育」じたいが、公然と〝表舞台〟に出てはならないタブーだからである。

もうそろそろ、こうした「タブー」は解除されてもよいのではないか。国全体としての「エリート選抜」と「エリート養成」に〝支障〟が見えはじめ、各界のリーダーや指導者層の〝劣化〟が言い募られているにもかかわらず、そうした事態にいつまでも〝頬かむり〟していてよいのだろうか。

3◈エリート養成を論じるために

どんな社会でも、その社会の各分野においてリーダーシップを発揮できる指導的な立場に立つ人間は必要である。彼らには、知的な優秀さや心身の健康さ・タフさだけではなく、周囲から信頼されるに足る優れた「人間性」といった資質が求められる。そうしたエリートは、自然発生的に生まれてきたりはしない。どこかで選ばれ、どこかで育てられる必要があるだろう。「エリート」という言葉に過敏に反応してしまい、どうしても抵抗を感じてしまうという人もいるかもしれない。そういう人は、ここでのエリートを「リーダー」あるいは「リーダー層」と読み替えてほしい。リーダーが存在しない組織はないし、リーダー層がいない社会もありえない。

その養成には、いろいろと難しさや〝やっかいさ〟があることは理解できたとして、では、今後の日本におけるエリート教育をどう考えればよいのか。最後に、これまでに述べてきたことをふまえて、いくつかの原則的視点のようなものを提示してみたい。

開放系のエリート教育

通常、「エリート教育」というと、将来のエリート層となるべき（そうなることが期待され、また、なかばは〝約束〟された）特定の社会階層の子弟のための教育のことを思い浮かべるだろう。

たとえば、伝統的には英国の上流階級の子弟は、幼少時から名門プレップ・スクール（初等教育）に通い、選ばれた者のためのパブリック・スクール（中等教育）を経て、オックスフォードやケンブリッジといった有名大学に進学していく。そのプロセスで、彼らは、優れた知的能力や幅広い教養を獲得するだけではなく、文字どおりの〝ノブレス・オブリージュ〟の感覚を身につけ、各界において指導的立場に就く者としての人間的な素養を磨いていく――およそ、こんなイメージである。

こうしたタイプの「エリート教育」を、社会階層を基盤とした「閉鎖系のエリート教育」と呼ぶとすれば、それを現在の日本社会に持ち込むことは、およそ不可能である。身分制度に支えられた江戸時代の藩校のような教育機関であればともかく、現在の日本において、そのような教育や教育機関の創設を望むことはできない。

その意味で、ここで考えたい（僕自身が、今後の日本社会に必要であると思っている）「エリート教育」のタイプは、「閉鎖系」との対比で言えば、「開放系のエリート教育」ということになる。だれが将来のエリート候補になるのかは、出身階層や親の学歴・社会的地位などで決まるのではなく、基本的に万人に開かれているべきである。「エリート教育」が、どんなに大切なものであると仮定しても、現代社会においては、社会的平等や「教育の機会均等」を度外視するような仕方で「エリート教育」を構想することは許されない。

あらぬ〝誤解〟を避けるためにも、まずはこの点を明確にしておこう。

対抗的エリートの育成も

もう一つ、〝誤解〟を避けるために言っておく。

エリート教育とは、将来の国や社会を担っていくことのできる人材の養成である。しかし、ここで言う「エリート人材」は、ときの政権や為政者たちの意向だけをくみ、既存の秩序を保守することにのみ専心する者のことではない。この国や社会の将来を真摯に考えるがゆえに、既存の秩序の改革をめざして行動するような「対抗的エリート」も、れっきとしたエリート人材にほかならない。

その意味では、「批判精神」の涵養は、エリート教育にとっても欠くことのできないレーゾンデートル（存在理由）である。健全な批判精神のないところには、精神の自由は生まれない。精神の自由をもたない者に、私利私欲や組織利害を超えた「公共」への献身と貢献を期待することはできない。

先にとり上げた戦前の旧制高校は、いうまでもなく、その後の政治家や財界の中枢に位置づくような人物を輩出しつづけた学校であるが、同時に、少なくない左翼活動家たちを、その卒業生として送りだしてもいた。大正期から昭和戦前期にかけての時代状況の影響もあろうが、教育の場としての旧制高校にとっては、じつは〝面目躍如〟だったのではあるまいか。もちろん、当時の学校関係者がそれを望んでいたわけではないし、むしろ、学生の「左傾化」には頭を痛めてもいただろう。しかし、エリート教育の場には、それくらいの〝懐の深さ〟が絶対に必要である。

また、これも先に紹介したが、東京大学が「市民的エリート」の育成という教育目標を掲げることにも、同様の含意を読みとることができる。「市民的エリート」は、体制や権力を担う人材にもなるかもしれないが、そこに〝すり寄る〟だけの人材ではけっしてない。まさに「市民感覚」をもって、体制や権力を監視し、ときにはそれと対峙できる人材となることも、「市民的エリート」に求められる資質である。

「開放系のエリート教育」が抱える固有の困難

「開放系のエリート教育」を、知性と教養、将来の国や社会を担っていく自覚、そのための人間的資質の育成だけではなく、「批判精神」の涵養も含めて、子どもと若者たちに提供することはできないものか。――これが、いわば、僕の「エリート教育」への思いである。

しかし、この「開放系」という養成システムは、開放系であるがゆえに、それ固有の〝難題〟を抱え込むことになる。それは、この章で書いてきたことの要約にもなるのだが、あらためて整理すると、二つある。

一つは、何度も述べてきたように、だれが「エリート教育」の対象になるのかという「リクルーティング」(候補者の選定)の問題。こうした教育を、学校を舞台として実施しようと構想する場合、そこには当然、入学者選抜の問題がつきまとう。

学校のがわが、本来のエリート教育へのミッション(使命)に燃えていたとしても、そこには、入学以前に人間的な幅やたくましさを〝スポイル〟されてしまったような「受験エリート」ばかりが集まってくる可能性も生じる。笑うに笑えない構図である。入試のやり方を変えればよいではないか、というのは正論であるが、そこにもさまざまな「制約」がつきまとい、「受験対策」との〝イタチごっこ〟を招来してしまう危険性もあることは、すでに述べたとおりである。

もう一つは、エリート教育には、集団的な人間形成の場、生徒文化や学生文化による〝感化〟が働く集団性や、「志」をもった者どうしが、(ときには寝食を共にしつつ)切磋琢磨するといった

〝人間性の陶冶〟のための場が不可欠である。しかし、「開放系のエリート教育」を構想する場合には、こうした場を設定することが難しいという問題がある。

特定の「エリート学校」や「エリート大学」にのみ、将来のエリート候補者が集うのであれば、この問題は生じない。しかし、「開放系」を構想する以上は、各地の学校や大学にエリート候補が点在しているという状況も考えなくてはならない。その彼らに、どうやって「集団的陶冶」に近い教育的影響をおよぼすことができるのか。これもまた、〝難題〟にほかならない。

柔構造で平等な学校制度

どちらも、文字どおりに「難題」であって、すべてを一気に解決できるような「解」は存在しない、と僕は考えている。しかし、同時に、現在よりは〝よりまし〟な教育システムや学校制度のあり方を、きわめて〝現実主義的に〟構想していくことは可能なのではないか。

そのためには、なにが必要なのか。それは、単線型の学校制度システムによって、どの学校に在籍していても、つねに上級学校への進学の道が開かれているという「開放性」の原則と、個々の学校への入学者選抜における「教育の機会均等」の原則は堅持しつつも、現在の学校制度を、いまある〝かたち〟より、もう少し柔軟なものにしていくことにほかならない。

つまり、単刀直入に言ってしまえば、現行の学校制度体系を維持しつつも、〝横並び〟の〝悪しき平等主義〟に陥ることを意識的に警戒しつつ、それぞれの学校段階において、「エリート校」的な学校が存在することを社会のがわが許容する、いや、たんに「許容」するだけではなく、積極的にそうした学校の「存在意義」を認めるようにするということだ。

こうした学校が、たんなる「受験エリート」の巣窟となってしまい、「志」をもって将来の国や社会を背負おうともしない人材、私的利害にのみ拘泥して、「公共」への貢献や献身ができない卒業生ばかりを輩出するのであれば、そのことは非難され、問題視されてよい。しかし、まっとうなエリート人材を世に送りつづけているのであれば、それらの学校が、「エリート校」であるがゆえに非難されなくてはならない理由は、どこにもない。むしろ、社会のがわからおおいに尊重されるべきなのだ。

現在の日本社会においても、そうしたエリートを育てる「学校文化」が、力強くつくられていく必要があるのではないか。そして、社会のがわでの「エリート校」への評価軸（基準）が、受験競争的な意味での選抜度の高さではなく、社会貢献のできる人材を輩出する「教育力」という点に向けられるようになれば、そうした学校におけるエリート教育は、ずいぶんとやりやすくなるし、やりがいも出てくる。そして、そうした学校が、自校の入学者選抜において、「受験テクニック」にのみ長けているような者を排除することが、いまよりは容易になるのではなかろうか。

階層的再生産を飼いならす

現実には、戦後の日本においても、設立以来の高邁な「建学の精神」にもとづく（エリート）教育を続けている私立の中高一貫校なども存在している。また、旧制中学を前身にもつ各地の伝統的な公立進学高（ナンバースクール）のなかにも、それに近い「校風」をもった学校が存在するだろう。

こうした学校は、「受験エリート」を集めて進学実績をあげるだけではない、本物の人間教育や「エリート教育」に貢献している可能性も高い。もちろん、そうではないただの〝受験エリート校〟も存在する。そして、本物の「エリート教育」を行なっていたはずの学校が、周辺にできた新興の私立「受験校」の台頭や、みずからの進学実績の低迷といった理由によって、もともとの教育をしだいに〝変質〟させ、受験シフトを強めているといったケースもあるだろう。

その意味で、社会のがわには、そうした学校と、本物の「エリート校」とを見分ける見識を鍛えていくことが求められるのだ。少なくとも、後者の学校にたいしては、現在の学校制度のなかに存在することへの〝黙認〟ではなく、その「存在意義」についての積極的な〝承認〟が与えられてしかるべきであろう。

ただし、本物の「エリート教育」を行なう学校であっても、その入学者の選抜においては、先に述べたような意味での「階層的再生産」のメカニズムが作動するということは、じゅうぶんに考えられる。「再生産」があまりに強く働きすぎて、こうした学校が、〝特権的な少数者のためだけ〝の学校〟になってしまえば、それは、「開放的なエリート教育」の理念を裏切ることにもなる。

そうならないためには、「再生産」メカニズムの〝粗暴さ〟を〝飼いならす〟ような「規制」を設けたり、不利な立場の者にたいする「支援」を行なったりすることが、積極的に考えられてよい。一例ではあるが、私立学校の場合にも、授業料を含む教育費（寄宿制の場合には、その費用も含めて）への公的補助を家庭の所得制限つきで行なう。公立学校の場合には、低所得家庭や単身家庭などの子どもには特別の入学枠を設ける、といった措置が考えられてもよい。

ただ、それでも、「階層的再生産」を完全に〝封じ込める〟ことは不可能である。しかし、それを〝暴走〟させずに、〝よりまし〟な範囲に留めおくことで、この社会の現実を「開放性」という理想に少しでも近づけることは構想可能なのではなかろうか。

学校教育を超えた「エリート教育」

以上に述べてきたのは、あくまで学校教育を土台として、いかなる仕方で「開放系のエリート教育」にとっての〝難題〟を乗り越えていくかという議論である。しかし、ここでいう「エリート教育」は、学校外の教育を通じても追求しうるものである。

学校とは別に、いわば「私塾」のような形態で、エリート養成の目的をもった学び舎をつくる。期間限定のサマースクールのような形態で、子どもと若者のリーダーシップ養成研修を行なう。各学校から推薦された子どもたちだけを集めて、リーダー養成を目的としたワークキャンプを実施する、などなど。

現に存在するものもあるし、発想やアイデアは、いくらでも広がるはずである。地域ごとなのか、全国から募るのか。異年齢集団を組むのか、それとも同年齢集団で教育を行なうのか。諸外国の青少年との交流も取り入れるとどうかなど、組み合わせは幾通りにもなる。実施主体は、公的な社会教育（生涯学習）でもよいし、民間企業やＮＰＯなどでもよい。

こうした活動を通じて、そこに参加した子どもたちが、地域や日本や世界が直面する「課題」に気づく、異質な他者との「共生」を体験的に学ぶ、社会への「貢献」の意識をもち、自己の「役割」を自覚していく、「リーダーシップ」を発揮するための資質や能力を開発する。――こうした展開が、タテ（年齢段階ごとに）とヨコ（地域的な広がり）に豊かに増殖していけば、この国のエリート養成にも大きく貢献するのではないか。

場合によっては、こうした教育活動の場での活動実績が、先のような学校教育タイプの「エリート校」の入学者選抜の資料に使われたりすれば、相互に、かなりの相乗効果を期待することもできるだろう。

もちろん、学校外活動の場合には、家庭の費用負担の能力が子どもたちの「体験」格差を生じさせてしまうという問題が、つねにつきまとう。そのことは自覚しておく必要があるが、この問題は、公的助成の実施、企業による社会貢献活動としての支援、社会全体の善意による奨学（寄付）などの充実を期待するほかにはなかろう。

エリート教育の裾野の拡大

さらに、「開放系のエリート教育」を実現していくためには、だれが「エリート教育」の対象になるのかといった問題以前に、そもそもすべての子どもと若者には、まっとうな市民性（シティズンシップ）を育成するための教育が保障されていなくてはならない。

自己と社会との相互関係、社会のなかで果たすべき役割、市民（国民）としての権利と義務、労働者の権利、民主主義の原則、平和と人権の尊重、異質な他者との共生、などなど。ようするに、すべての子どもと若者が、この社会のたんなる「一員」ではなく、能動的な「構成員」となるための資質や能力を身につけ、市民としての感覚（シティズンシップ）を獲得していることが重要である。そのことが、「エリート」が真のエリートとしての役割を果たしていくための条件ともなる。

「開放系」のエリート養成の観点からすれば、リーダー層だけを選びぬいて、彼らにリーダーシップを学ばせるだけでは意味がない。リーダーの行動をチェックし、監視する市民が必要だ。その意味で、リーダーや市民の役割を担う者たちは、じつは相互に〝代替可能〟であることが理想なのだ。

こう考えると、「開放系のエリート教育」は、だれもが、結果的には将来のエリートになる可能性があるという前提にもとづく教育を、十全に受けていることを大前提とする。それは、そうした土台の上で、しだいに「役割」分化が明確になり、資質や能力に恵まれた者がエリートとしての役割を担っていくことをめざす教育である。

優れた資質・能力の開花

優れた資質や能力をもった子どもには、その才能をフルに発揮してほしい。そして、そうした才能は、個人的な便益や私欲のためばかりではなく、社会と公共のために発揮し、活躍してほしい。そのかわり、社会のがわは、そうした個人の資質や能力が開花するための環境や条件の整備に努力する必要がある。――こんな素朴な思いから、この章を書きはじめた。

ここで書いた「エリート教育」の問題を、子どもたちのがわからとらえ返してみたら、どう見えるだろうか。――ひょっとしたら、〝余計なお世話〟なのかもしれない。〝国や社会を「担う」とか、「背負う」とか、そもそもピンと来ないし、自分には関係ない〟と思うのかもしれない。

それは、それでかまわない。人がどんな生き方をするのか、どのように生きることを幸せだと考えるのかは、まったくもって個人の自由だからだ。

しかし、なかには、将来の「エリート」となるにふさわしい資質や能力をもった子どもたちがいる。もちろん、彼らの資質や能力は、生まれつき備えられたものではなく、環境や教育との相互作用のなかで培われたものであろう。そうした子どもたちには、本人が望むのであれば、社会に羽ばたき、おおいに活躍し、公共に貢献してほしい。そうした社会的な「水路」が、だれにたいしても健全に開かれていてほしい。

しかしながら、〝横並び意識〟が強く、往々にして〝みんな一緒〟の「機械的な平等主義」が幅をきかせてしまう戦後の僕たちの社会においては、こうした健全なかたちで「エリート」が育成されていく社会的な「水路」が、ところどころで〝根詰まり〟を起こし、水路の外へと水をあふれさせてきたのではないのか。

そんな状態は、この社会にとって〝不幸〟であるばかりでなく、「エリート」となるべき資質や能力を潜在的にはもち、それを育てていたのかもしれない子どもたちにとっても、けっして望ましい状態ではない。彼らには、まっとうな活躍の場を与えたいし、社会・公共のためにおおいに活躍してほしい。

社会の「不作為」による損失を測ることは、基本的にはできない。だが、ある時期には、「一億総中流社会」であるかのような〝夢想〟が、一定のリアリティをもつに至ったこの社会は、独特の〝横並び感覚〟と、横並びであるがゆえの〝安心感〟と引き換えに、あんがいと大きな〝損失〟を計上しつづけていたのではないか。そのことは、無限の可能性を秘めた子どもたちの「未来」を、じつは、大人にとって〝心地よい〟狭い枠のなかに閉じ込めてしまっていたのかもしれないのだ。肝に命じておく必要があろう。

第4章

キャリア教育に
なにが期待できるか

子どもは、学校を卒業すると――それが、高校であるか、専門学校であるか、大学であるかなどは、人によって違うとしても――仕事の世界に入っていく。もちろん、学校を中退する者もいるし、卒業してもすぐには仕事に就かない者もいる。しかし、圧倒的な多数派は、「卒業したら、仕事へ」というルートをたどる。

一九九〇年代を迎えるまえまでの日本では、こうした「学校」から「仕事の世界」への〝梯子《はしご》〟は、かなり頑丈にできあがっていた。希望すれば、ほとんどの若者が、この梯子を登っていくことができた。ところが、現在、かつては頑丈さを誇っていたはずの梯子が、かなり〝危うい〟ことになっている。なくなってしまったわけではないが、なかば外されかけている、と言ってもよい。

こうした事態は、ざっくりと言ってしまえば、「仕事の世界」（とりわけ雇用の構造）の変容によって引き起こされた。その結果、「学校」のがわにも――それが、本意であったとは言い難いとも思うのだが――緊急の対応が迫られることになった。

「仕事の世界」の変容を前提とした「学校」のがわの対応は、さまざまな内容に及んでいるが、大きく見ると二つの注目すべき局面があるのではないか、と僕は考えている。――一つは、小・中・高校を通じた、いや、大学も巻き込んだかたちでの「キャリア教育」の展開。もう一つは、「大学改革」。

両者には、関連する側面も少なくはないが、相対的には独自の事情や経緯を抱えているということもある。そのため、まずこの章ではキャリア教育を、そして次章では大学改革の問題を、それぞれに論じていくことにしたい。

1◈学校にキャリア教育がやってきた

「キャリア教育」、この十年

十数年まえまで、「キャリア教育」という用語は、ほとんどの人にとって聞き慣れない未知の言葉であったはずだ。それもそのはず。この言葉が、初めて日本の公的文書に登場したのは、一九九九年のことであった（中央教育審議会答申「初等中等教育と高等教育の接続の改善について」を参照）。ただし、その後もしばらくは、言ってしまえば、〝鳴かず飛ばず〟の状態が続いていた。答申にはこの言葉が登場したが、全国の学校現場において、いっせいにキャリア教育への取り組みが開始された、といった形跡は微塵もない。

結局、「キャリア教育」が教育界で一気に脚光を浴びるようになったのは、二〇〇三年に政府の若者自立・挑戦戦略会議（内閣府・経済産業省・厚生労働省・文部科学省が参加）が、「若者自立・挑戦プラン」を策定して以降のことである。文科省は、このプランのなかで、小・中・高を通じた「キャリア教育の推進」を謳い、二〇〇四年度からは予算の裏づけも得て、積極的な推進施策を展開してきた。

それから十年あまり。――世間一般では、まだまだキャリア教育の認知度は低いのかもしれないが、少なくとも教育現場においては、キャリア教育の用語と実践は広範に普及し、絶大な認知を受けるようになったはずである。学校でカラスの鳴かない日はあっても、「キャリア教育」という言葉を聞かない日はないといっても過言ではなかろう。

そういう意味で、「キャリア教育なるもの」は普及した。とはいえ、人が、この言葉によってなにをイメージするか、キャリア教育をどう理解し、どのように教育課程や日常の実践に落とし込むのかにかんしては、教師たちのあいだでも、いや、教育行政の関係者や研究者のあいだでさえ、かなりの差異がある。

バリエーションがあるといえば、格好はいい。しかし、「キャリア教育」として想定しているものが相互に違っていると、議論は、当然にもすれ違う。ときには、不毛な言い争いになることもある。そうした〝混乱〟や〝すれ違い〟を含んで展開してきたのが、この十年間のキャリア教育のファーストステージだったのだ。

しかも、僕の見立てによれば、このかんのキャリア教育は、その本来の趣旨やねらいをずいぶんと誤解され、曲解されてもきた（拙著『キャリア教育のウソ』ちくまプリマー新書、をぜひ参照されたい）。こうした点も含めて、現在、キャリア教育にかんしては、どのような争点や論点が存在するのか、どこに対立軸があるのか。そもそもキャリア教育とはなんなのか、なぜキャリア教育が登場したのかという点もふまえつつ、以下に論じていきたい。

キャリア教育登場の背景

日本の教育界においては、なぜ二〇〇〇年代になって急に、キャリア教育が導入されることになったのか。まずは、この問題から片付けておこう。

単純明快に言ってしまうと、日本で展開されることになったキャリア教育という〝大河〟には、その源流として、二つの〝河川〟が流れ込んで合流している（くわしくは、拙著『権利としてのキャリア教育』明石書店、二〇〇七年、を参照）。その一つは、一九九〇年代にはじまった「進路指導改革」の動向であり、もう一つは、二〇〇〇年前後の時期に顕著な社会問題となった「若年雇用問題」（就職難、フリーターやニートの増加、早期離職、など）の深刻化である。

読者のなかには、一九九〇年代の前半、中学校の進路指導において「業者テスト・偏差値」への依存が、大きな問題となったことを覚えている人もいるのではないか。この出来事に象徴される流れが、一つめの源流である。

それ以前の中学校の進路指導は、思いきり単純化してしまえば、いわゆる「出口」指導に傾斜しており、卒業後の進路（具体的には、進学先の高校）を確保することに集中していた。そのさい、重要なツールとして活用されたのが、中学校内で年に数回実施されていた業者テスト（模擬試験）の偏差値であり、進路指導は、事実上、個別の高校についての「合格可能性」を勘案するための進路相談に終始していたといえる。

こうした事態を「けしからん」として色めき立ったのが、当時の埼玉県の教育長・竹内克好であり、のちには文部大臣・鳩山邦夫であった。問題は、マスコミでも大きく報道され、国会審議でもとり上げられたが、最終的には文部省が、進路指導の現場での「業者テスト・偏差値」の排除を求める通知（「高等学校の入学者選抜について」一九九三年）を出したことで、事態は収束していった。

もちろん、現実に高校入試や大学入試がなくなったわけではないので、業者テストや偏差値は、学校外では生き延びることになったし、塾や予備校における進路相談では、その後も業者テストや偏差値が活用されたことはいうまでもない。

しかし、少なくとも学校内の進路指導は、大きく転換した。文部省の言葉を借りれば、「出口」における合格可能性を斟酌するような指導ではなく、「生き方の指導」がめざされたのである。すなわち、将来に向けた生徒の意欲を引き出し、生徒自身が、みずからの生き方を見つめて進路を主体的に選択できるようにうながす指導への転換である。

実際、こうした「進路指導改革」の方向性に沿って、一九九〇年代後半には、高校も含めて各地の学校に、職業調べや職場体験、ライフプランの作成といった取り組みを充実させる試みが生まれていった。また、国立教育研究所（現・国立教育政策研究所）内に組織された専門家の検討会議などでは、「進路指導の構造化」に向けた研究も蓄積されていた。小・中・高校の進路指導を系統化し、さまざまな取り組みを体系化するような枠組みが、「子どもたちに身につけさせたい能力」として、発達段階別・能力領域別に構造化されて提示されたりもしたのである。

こうした一九九〇年代後半以降の「進路指導改革」の流れが、二〇〇〇年代以降におけるキャリア教育の出発を準備し、そのさいの実践の展開を支える土台となったことはいうまでもない。その意味では、キャリア教育は、「無」から生まれたものではなく、その「下地」は、着々と準備されていたのだ。

導入への駆動力

ただし、キャリア教育は、一九九〇年代以降の「進路指導改革」の流れの延長線上に、〝自然に〟発生したわけではなかった。実際にキャリア教育が導入されるには、もう少し現実的な駆動力――先に述べた二つの源流のうちのもう一つの〝河川〟を必要とした。

それが、つまり、二〇〇〇年代初頭に大きな社会問題となった「若年雇用問題」の深刻化である。具体的に言えば、高卒・大卒の未曾有の就職難、若年失業率の増加、フリーターの急増、「ニート」（この言葉が使われはじめたのは、二〇〇四年から）の〝発見〟である。そうした問題の背景には、若者たちの意識の〝甘さ〟や〝未熟さ〟があると、盛んに指摘されていた時期でもあった。

すでにふれたように、この問題に政府レベルで取り組もうとしたのが、二〇〇三年の「若者自立・挑戦プラン」であり、文科省はその一環として、小・中・高を通じた「キャリア教育の推進」を謳いあげたのだ。

そうだとしても、文科省はなぜ、「進路指導の抜本的充実」といったスローガンではなく、「キャリア教育」という用語を掲げたのか。そもそも、進路指導とキャリア教育は、どこが違うのか。このあとの議論での誤解を避けるためにも、この点を先に説明しておこう。

結論的に言うと、進路指導とキャリア教育は違う。両者は、包含関係にあって、キャリア教育のほうが広い。キャリア教育の推進に関する総合的調査研究協力者会議「報告書～児童生徒一人一人の勤労観、職業観を育てるために～」（二〇〇四年）の言葉を借りれば、「進路指導の取組は、キャリア教育の中核をなすもの」である。しかし、従来型の進路指導は、どちらかというと、「進路発達の指導」（前述の「生き方の指導」に近い）よりも「進路選択の指導」に傾斜してきた。そして、進路指導が行なわれる場面も、ホームルームなどの特別活動や「総合的な学習の時間」が主であった。

これにたいして、キャリア教育は、「進路発達の指導」にも「進路選択の指導」にも同時に力を入れるものであり、各教科も含めて、学校の教育課程全体で取り組むものである（高校段階であれば、職業教育もさらにそこに加えられる）。つまり、キャリア教育は、学校教育全体におよぶ包括的な概念なのである。

こう見てくると、文科省がなぜ、「進路指導の抜本的充実」といったスローガンではなく、「キャリア教育」を掲げたのかも理解できるのではないか。端的に言えば、若者自立・挑戦戦略会議が課題とした問題にたいして、従来型の狭い進路指導で対応するのではなく、学校教育全体を通じて対応するという姿勢を明確に打ち出したかったのだ。

2◈企業に尽くすための「適応型」キャリア教育

キャリア教育の「原点」

それにしても、だ。ここまで論じても、まだまだ、「結局のところ、キャリア教育とは、いったいなんなのだ」と怪訝に思われる読者もいるだろう。

それもそのはず。じつは、文科省じたいが、ブレているのだ（笑）。一方では、仕事や職業には限定されない「生き方」を重視し、学校教育全体での取り組みを強調しておきながら、他方では、「若年雇用問題」への対応を意識して、「勤労観・職業観の育成」に力点を置いたり、職場体験の実施を強要したりしているのだから。たしかに、源流としての二つの〝河川〟が合流しているのである。それぞれに、水流がぶつかりあったり、引っぱりあったりすることもあろう。しかし、それでは、あまりにわかりにくい。

ここでは、雇用問題を意識するとはいえ、「教育」政策なのだから、教育政策としての〝矜

キャリア教育をめぐる言説の座標軸

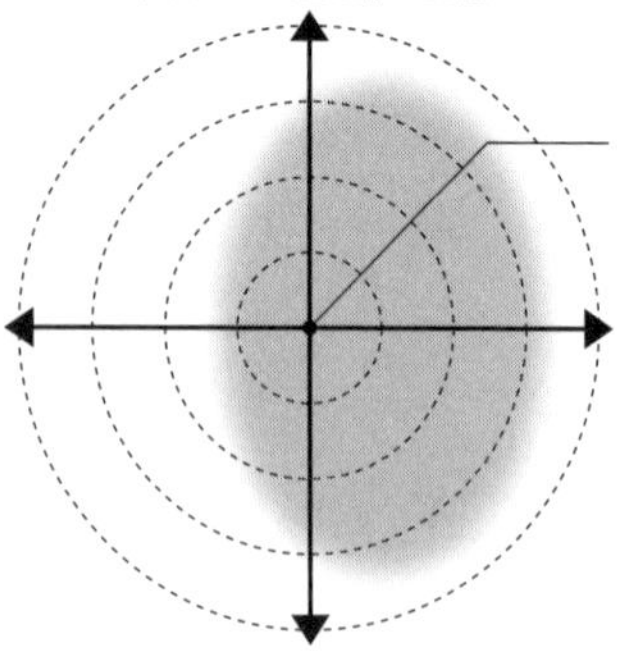

持〟を示したいとか、職場体験やインターンシップの推進と言っておいたほうが、予算を取りやすいといった〝官僚世界の論理〟は、いっさい脇に置いて、単純明快に定義しておこう。——キャリア教育とは、子どもと若者の「将来への準備教育」である、と。

これが、キャリア教育の「原点」である。「将来」への準備である以上、当然そこには、働くことへの準備、就労に向けた意識や態度や能力の形成も入る。しかし、それだけではない。生涯学習への準備、家族を営む（かもしれない）ことへの準備、さまざまな人間関係を結んでいくことへの準備、市民や主権者となるための準備などが含まれる。

こうしたトータルな人生（ライフキャリア）への準備、人生の諸ステージでみずからが担うことになる「役割」への主体的準備をすることの支援が、キャリア教育の目的である。「働くことへの準備教育」は、もちろん必要で重要なことではあるが、それは、ライフキャリア全体

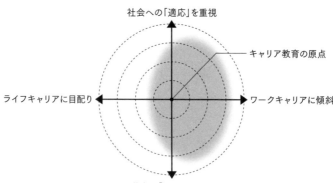

への準備教育のなかに有機的に統合されている必要がある。

右のようにキャリア教育の「原点」を押さえておけば、この原点からの距離や、逸れていく角度に応じて、これまでのキャリア教育についての言説を、ひとつの座標軸上に整理することができる。あくまで僕の見立てであるが、キャリア教育についての従来の主張は、前ページの図のような座標軸に落とし込むことができるのではないか。

ヨコ軸は、仕事や職業といった「ワークキャリア」に傾斜しているか、それとも、「ライフキャリア」全体に目配りをしたキャリア教育の主張であるかという軸。タテ軸は、労働市場や社会への「適応」を重視しているか、子どもや若者のがわの選択を重視するかという軸である。

大胆に言ってしまえば、これまでのキャリア教育の言説は、キャリア教育の「原点」から見れば、大きく第一象限と第四象限のがわに偏ってきたのではないか。以下で、くわしく見ていこう。

若者の意識と能力の欠如が就職難の原因？

キャリア教育が登場した当初、かなり有力に見えたキャリア教育論の潮流に、キャリア教育に取り組めば、若者の就職難に対処することができ、彼らが安易にフリーター（やニート）になることを予防できるとする議論があった。

黎明期には、鳥居徹也『フリーター・ニートになる前に読む本』（三笠書房、二〇〇五年）、同『フリーター・ニートにさせないキャリア教育の授業』（学陽書房、二〇〇七年）、明石要一『キャリア教育がなぜ必要か――フリーター・ニート問題解決への手がかり』(明治図書出版、二〇〇六年)といった本が、書店の棚を賑わしていたことは記憶に新しい。べつにキャリア教育は、〝魔法の杖〟でもなんでもないのだが、この時期の社会全体の空気としては、そうした期待が、ある程度までは一般の人びと、あるいは、学校現場の教員にも共有されていたのであろう(そうでなければ、本は売れない)。

いまから振り返れば、こうした論調のなによりの特徴は、「若年雇用問題」の深刻化の原因を、若者たちの意識と能力の欠如という問題に求めていた点にある。いわく、「若者たちの就業意識(勤労観、職業観)が未熟である」「働くことへの覚悟ができていない」「結局は、豊かになった社会と家庭に甘えている」「フリーターのほうが気楽な働き方である、と安易に考えている」などなど。――だからこそ、若者たちに現実を直視させ、彼らの意識を鍛えなおすキャリア教育が必要なのだ、と。

これらが、若者の「意識」を問題視する言説の代表例だとすれば、彼らの「能力」を問題であるとした議論は、一様に、若者たちの「エンプロイアビリティ(employability)」(雇用される能力)の欠如を言い募った。ようするに、就職難とは、企業からすれば、採用したいと思える人材が少ないがゆえに生じた事態なのであって、若者たちが「エンプロイアビリティ」を身につけてさえいれば、問題は、おのずと解決に向かう(はずだ)というわけだ。

好況期には、採用時点での「能力」ではなく、その「成長可能性」に賭けて、新卒をじゃんじゃん採用していた日本企業を代弁する言い分としては、かなり〝お粗末〟の感は否めない。しかし、この時期には、国の行政によっても、厚生労働省の「就職基礎能力」（二〇〇四年に若年者就職基礎能力支援事業「YES－プログラム」が開始されたが、民主党政権下での「事業仕分け」によって、二〇〇九年度に廃止）、経済産業省の「社会人基礎力」（二〇〇六年～）などが提唱されてもいた。表現は異なれども、いずれもエンプロイアビリティを言い換えたものにほかならない。行政のがわの〝善意〟までもは疑わないとしても、これらが、若者の能力を底上げすることで、就職難に対処しようとする構図にピタリとはまることは否定できない。そのかぎりで、若者の能力「欠如」論に手を貸すような役割を行政もまた担っていたのである。

キャリア教育は「若者バッシング」の変型

右のような論調が、キャリア教育の出発時において、その必要性を社会全体に訴求する役割を担っていたことは間違いない。議論のポジションとしては、明らかに先の図の第一象限に存立するものである（以後、これを、「適応型」キャリア教育論と呼ぶ）。

しかし、少し冷静に考えてみよう。論理的に判断すれば、就職難の原因には、当然のことであるが、労働力の供給がわ（若者）の要因と需要がわ（企業の採用行動）の要因の両者が考えられる。しかし、若者の意識と能力の「欠如」論は、供給がわの要因だけを言い募って、需要がわの要因をまったく見ていない。

実際には、一九九〇年代なかば以降、日経連の『新時代の「日本的経営」――挑戦すべき方向とその具体策』(一九九五年)を引きあいに出すまでもなく、日本企業の多くは、正社員の採用を手控えて、不足分を非正規雇用に置き換えてきた。それによって、人件費コストの削減をはかろうとしたわけである。

そうした現実を直視することなく、就職難の原因をもっぱら若者に求め、そこからの脱却を、若者の意識と能力の〝テコ入れ〟によって果たそうとするような言説は、明らかに論理的には破綻している。言ってしまえば、そうした言説は、当事者がそう自覚しているか否かは別として、ある意味での「若者バッシング」でしかない。初期のキャリア教育を推進したのが、こうした「若者バッシング」の照り返しとして、「だからキャリア教育が必要なのだ」とする社会的な論調に拠るところが少なくなかったことを看過すべきではない。

念のために付記しておくと、僕自身も、いまどきの若者の意識や能力にはなんの問題もなく、彼らは就職すれば、そのままでも「即戦力」になれる、などと無邪気に考えているわけではない。大学教員として学生たちとつきあっていれば、学生たちがそれとは〝真逆〟の状態にあることはよくわかるし、企業の人たちが不満に思うであろうことは想像に難くない。

しかし、そうした学生たちの〝未熟さ〟は、いまに始まったことではない。それでも、ある時期までの企業は、〝清濁あわせ呑んで〟(?)新卒を積極的に採用していた。そもそも、かつての企業は、学生の就労に向けた意識や能力を、彼らが在学中からすでに身につけているものとは見なしていなかった。むしろ、就職後のＯＪＴ（オン・ザ・ジョブ・トレーニング）を軸にした企業内教育によって、企業のがわが育て、成長させるものとして、一定の時間的な幅のもとに若者を見ていたのではなかったか。

いまや、そうした〝余裕〟が、企業のがわにもなくなっているのである。

いずれにしても、先の図の第一象限に属する「適応型」キャリア教育論は、そもそもワークキャリアの問題しか扱おうとしないという偏りをもっていただけではなく、若者たちを既存の労働市場の秩序に、かなりの無理をしてでも押し込み、適応させることを目的としていた。その意味で、仕事や職業の世界に限定したとしても、若者たちの将来への〝主体的〟な準備を支援するものとはなっていなかったと言わざるをえない。

3◈「夢追い型」キャリア教育の危うさ

キャリア教育の学校的バージョン

「適応型」キャリア教育論は、いわば〝強面〟の言説である。少々、悪ノリすれば、「若者よ、時代と社会は、もうすっかり変わってしまったのだ。いつまでも甘えているんじゃない！　気持ちを引き締めて、ちゃんと雇ってもらえるように、できるだけ自分を磨いておけ！」といった感じだ。

ただ、学校教育の現場というものは、こうした〝強面〟の議論とは、じつはそれほど親和的ではない。たしかに、学校におけるキャリア教育においても、若者に「現実」を直視させることを目的とするような取り組みが行なわれなかったわけではない。

たとえば、「就職難だから、フリーターでもしかたがないか」などと考えがちな生徒にたいして、正社員とフリーターの生涯賃金や社会保険・年金などの違いを具体的な数値で示して、彼らの考え方の変更をうながすといった実践が、それである。あるいは、中学校での職場体験にさいして、「生徒には有無を言わさずに、ともかくも〝働くこと〟の厳しさやしんどさを実感させるべきだ」といった議論も、これに近いかもしれない。

しかし、多くの学校におけるキャリア教育は、こうした〝強面〟のやり方には慎重であった。かわりに、学校現場が採用した戦略は、およそつぎのようなものである。

たしかに、社会状況（労働市場）の厳しさを考慮しても、生徒たちにしっかりとした「勤労観・職業観」を獲得させ、彼らの就業に向けた意欲と能力を高めていくことは必要である。ただ、そのためには、状況の厳しさだけを説いて、生徒を脅すようなやり方ではなく、彼らの「やる気」を引き出すことが肝要である、と。

つまり、生徒たちに将来の「夢」や「やりたいこと」「就きたい職業」を見つけさせる。そうした目標が定まれば、おのずと彼らのやる気は喚起され、目標に到達するための努力や行動をうながすことができるのではないか、というわけだ。これが、先の図における第四象限のキャリア教育の論理であり、実践である。照準とするところがワークキャリアに傾斜しがちであるという点では、第一象限の「適応型」キャリア教育論と共通ではあるが、キャリア教育の方法にかかわるベクトルは、基本的には逆を向いている(以後、これを、「夢追い型」キャリア教育と呼ぶ)。

実際、「夢追い型」キャリア教育は、学校現場ではかなりの範囲にまで浸透した。時間的な順序でいえば、当初は、社会的な論調として、第一象限の「適応型」キャリア教育論が有力に見えた時期がある。が、その時期には、学校現場の多くは、これらの議論を〝遠巻き〟に眺めていたに違いない。

しかし、しだいに第四象限に属する「夢追い型」キャリア教育の実践が登場しはじめ、広く知られるようになると、多くの学校は、あたかも雪崩を打つように、こうした方向にシフトしていったのではなかろうか。

「夢追い型」登場の背景と方法

「夢追い型」キャリア教育が、学校現場にまたたく間に普及していった理由は、ある意味、わかりやすい。

一つには、「夢追い型」キャリア教育は、「適応型」と比較すれば、はるかに「教育的」な論理にもとづいているということがある。

もちろん、なにが「教育的」であるかにかんしては、おおいに議論がありうるし、論争の争点でもある。そのことは自覚しているが、ここでは、今日の大多数の教師たちの心性に訴えるであろうという意味で用いている。つまり、「夢追い型」のほうが、生徒にたいして〝統制的〟(強面)ではなく、むしろ彼らの希望や選択、自主性を尊重することになる。だから、「教育的」なのだ。

二つめに、この十年あまり、文部科学省は、学校現場における「キャリア教育の推進」の旗を振りつづけ、都道府県や市町村教育委員会を通じた行政指導を強めてきた。全国各地の学校現場は、当初は〝様子見〟の態度であったかもしれないが、ときが経つと、もはやそれが許されないことを理解した。そして、どのみち取り組まなくてはいけないのであれば、自分たちの「教育」の信条に近い「夢追い型」キャリア教育で行こう、ということになったのではないか。

三つめに、「夢追い型」キャリア教育の実践には、なんといっても、モデルや教育方法についての蓄積が存在していた。中・高の学校現場においては、キャリア教育が登場する以前から、進路指導が存在していた。とりわけ、すでにふれた一九九〇年代の「進路指導改革」以降には、たんなる「出口」指導ではない、「生き方の指導」としての実践の試行が積み上げられつつあった。こうした実践モデルが、「夢追い型」キャリア教育の流れに合流したのである。

では、実際には、どのような取り組みがなされたのか。くわしく説明している余裕はないのだが、大きく括ると、つぎのように整理できるだろう。

一つめの分野は、「自己理解」系の実践である。自分史を書いてみて、過去の経験から、自分の特性やこだわり、なにを大切にしてきたのかを知る。将来の夢や「やりたいこと」を考える。友だちと交流しながら、自己の価値観に思いをめぐらす。場合によっては、適性検査や職業興味検査などを受検してみる、といった実践がここに入る。

二つめの分野は、「職業理解」系である。興味のある職業を調べてみる。社会人講師に学校に来てもらって、講話を聞く。職業人インタビューを行なって、記録紙にまとめる。職場体験やインターンシップに出かける、といった取り組みである。

そして、三つめの分野が、「キャリアプラン」系の実践。文字どおりに、生涯のキャリアプランやライフプランを書いてみる。「十年後の自分」や「三十五歳の自分」について作文を書かせ、目先の進路だけではなく、その先の生活や人生の諸段階における課題について考えさせる、といった実践がこの系列に属する。

人生のリアリティを欠く「夢追い型」

こう見てくると、学校現場においては、ずいぶんと多彩なキャリア教育が実践されているように見えるかもしれない。実際、多くの学校では、「総合的な学習の時間」や特別活動の時間などを活用して、こうしたキャリア教育に取り組み、それを体系化しようと努力している。

みずからはキャリア教育を受けたことがない世代の大人と話をしていると、「最近の子どもたちは、学校でこんな教育をしてもらっているんですね。自分たちのころにはなかった。うらやましい」などと言われることがある。たしかに、皆無の状態よりは、現状は望ましいかもしれない。しかし、では、子どもと若者は、現在のようなキャリア教育を受けることができて、本当に幸せなのか。キャリア教育を施されて、かえってかきまわされたり、引きずりまわされてしまったりということはないのか。じつは、現状のキャリア教育には、多くの問題点や〝落とし穴〟がある、と僕は考えている。拙著『キャリア教育のウソ』で書いたこととも重なるのだが、以下、この点について、端的に述べていく。

まず、もっとも根本的な問題として、先の四つの象限からなる図をもう一度、想起してほしい。学校におけるキャリア教育の現状は、だれが見ても、その内容がワークキャリアのがわに傾斜している。これは、「若年雇用問題」の深刻化が、キャリア教育の実施を必然化させたという、キャリア教育の出自にまつわる〝宿痾《しゅくあ》〟のようなものでもある。

もちろん、先の整理における「キャリアプラン」系の実践であれば、結婚や子育て、地域社会での生活、趣味や余暇といった問題がまったく扱われないわけではない。また、「自己理解」系の取り組みで、将来の夢や「なりたい自分」を考えさせるさい、そこには、職業生活以外の個人としての生活や生き方、価値観の問題なども登場してくるかもしれない。

しかし、現行のキャリア教育においては、子どもたちにライフキャリアの問題を考えさせるための基礎的な学習と教材が決定的に不足しているのだ。その結果、つぎのようなことが生じてしまっているのではないか。

つまり、子どもたちは、課題として与えられれば、〝見事な〟ライフプランを書いてみせるかもしれない。おそらくは、自分たちの親世代がたどっただろうライフコースを模倣して。あるいは、「日本的雇用」が盤石であったころの社会の価値観をそのまま反映したような〝おめでたい〟プランを。

しかし、実際には子どもたちは、人生の諸ステージにおいて、自分たちが突きあたる可能性が高まっている課題やリスクについて、じゅうぶんには学習していない。また、彼らの世代の多くは、就労においても、家族生活においても、あるいは個人としての生活においても、自分たちが、親たちの世代と同じような（安定的な）ライフコースをたどるわけではないということを理解していない。そうだとすると、それでもキャリア教育の取り組みにおいて書かされるライフプランとは、その〝リアリティ〟とは、いったいなんなのか。

いずれにしても、現在のキャリア教育の実践においては、ライフキャリアへの視点とそこに切り込む取り組みが、圧倒的に弱い。これが、職業訓練機関における職業教育や企業における企業内教育であるならば、職業能力開発やワークキャリアへの偏りは、当然のことであり、ことさらに問題視する必要はまったくない。

しかし、これが、学校教育の取り組みであると考えると、やはりどこか本末転倒しているといわざるをえないのではないか。学校は、本来、個人が「生きること」全体のなかに「働くこと」

を位置づけ、生活者や市民としての「社会的自立」とのバランスのよい関係のもとに「職業的自立」をめざすといったことを、ほかの機関と比べれば、もっとも教えやすいポジションにある。その学校教育が、もっぱらワークキャリア偏重のキャリア教育を行なっているのだとすれば、それは、みずからの〝強み〟を自覚できていない〝愚行〟といわれてもしかたがなかろう。

底が浅い「なりたい自分」像

右のようなライフキャリアへの視点の弱さという点とは別に、これまでの「夢追い型」キャリア教育の取り組みには、さらに看過しえない危うい〝落とし穴〟もある。

子どもたちに夢や「やりたいこと」「なりたい自分」を見つけさせようとするのは、教師たちの善意である。この善意を疑うことは、けっしてできない。しかし、現実社会には、残念ながら、「地獄への道は、善意で敷きつめられている」ということがある。教師たちの「善意」が、子どもたちにいかなる影響を及ぼしているのかについて、冷徹で、客観的な分析が必要である。つまり、こういうことだ。

キャリア教育の取り組みにおいて、子どもたちに将来の「やりたいこと」や「なりたい自分」について考えさせるとき、それは、往々にして、「就きたい職業」をピンポイントで答えさせる結果になりやすい。その場合、なんらかの専門職や専門的職種への志望をもっている子どもの場合には、なんとかこの問いに向きあうことができる。まだ完全には決めきっていなくても、裁判官になりたい、教師になりたい、看護師になりたい……といった仕方で。

しかし、そうではない子どもたちは、どうすればよいのか。ある子どもは、自分は将来、会社員になると思っていたとする。会社員になったら、どんな仕事でも、とにかく自分に与えられた仕事に必死で取り組み、みずから成長していきたいと考えているとしよう。――こんな子どもは、「夢」や「やりたいこと」のない、キャリア教育的には〝困った〟子どもなのだろうか。

日本は、特定の専門職（専門的職種）を除けば、ジョブ（職種）で切り分けられた採用が行なわれ、ジョブに沿った雇用が継続する社会ではない（くわしくは、濱口桂一郎『若者と労働――「入社」の仕組みから解きほぐす』中公新書ラクレ、二〇一三年、を参照）。新卒採用であれば、就職後にどのような仕事をすることになるかはわからないし、ジョブ・ローテーションによる職種の移動も存在する。仕事の面白さややりがいは、最初から探したり、選んだりするものではなく、あてがわれた仕事をこなしていくなかで、しだいに実感し、みずからも変化・成長しつつ、いわば〝育てて〟いくものである。

こうした雇用構造を前提とすれば、「会社員になりたい、仕事はなんでもいい、どんな仕事でも頑張る」という先の子どもの発想は、きわめて現実主義的であり、理にかなっている。そして、キャリア教育などが開始されるまえに就職をした大人たちの多くは、じつは、この子どもと同じような考え方をしていたのではなかろうか（僕自身も、いまでこそ大学教員という一種の専門職に就いているが、中・高校生のときから、それが「やりたいこと」であったり、「なりたい自分」であったりしたということはまったくない)。

しかし、現状のキャリア教育においては、先のような子どもは、〝肩身の狭い〟思いをせざるを得ないのではないか。

ここでは、百歩譲ることにして、学校時代に「やりたいこと」や「就きたい職業」を考え、見つけておくことは、きわめて大切なことであると仮定しよう。僕も、「やりたいこと」を全面否定するつもりは毛頭ないし、「夢」や「やりたいこと」をもっていることは、素敵なことであるとも考えている。目標が定まっていればこそ、子どもたちの意欲はおおいに喚起され、日常の学習や生活にも張りが出てくるだろうから。

ただ、そのことを認めても、それでも「ちょっと待った!」と言いたくなることがある。それは、ときにして僕が、いまどきの子どもたちや若者たちの「夢」や「やりたいこと」は、「あんがい、底が浅いなあ」と感じてしまうことと関係している。

ようするに、「やりたいこと」を具体的な職業名や業界名で言える子どもや若者がいたとして、少し突っ込んで聞いてみると、彼らは、その職業や仕事の世界について、現実的で、じゅうぶんにリアルな認識をもっているわけではないケースが少なくないのだ。そして、なぜその世界に進みたいのかを聞いてみても、答えは、意外に漠然としていることも多い。言ってしまえば、イメージ先行の、〝出会い頭の恋〟のようなものである。好きだから、好きなんだし、やりたいから、「やりたいこと」なのだ(笑)。

だから、そうした彼らに、「将来、志望の職業や仕事に就けたとして、では、あなたは、その仕事を通じてなにを実現したいの?」といった、それこそ働くことの意味や意義にかかわる質問をしてみると、あっけにとられたように呆然とするか、「質問の意味がわからない」とばかりに怪訝な顔をしてしまう――まあ、多くは、こんな程度なのだ。

「自己」と「社会」を行き来しながら考える

自分にはどんな仕事が向いていて、どんな仕事であれば、やりがいや誇りをもって働けるのか。――すでに仕事をしている大人だって、こんな問いに答えるのは、そう容易なことではないし、実感をもって答えられるようになるには、何年もの就業経験が必要なはずである。

ましてや、いまだ働いたこともない子どもや若者の場合、キャリア教育で〝魔法〟でもかけられないかぎり、こんな問いには答えることができなくて当然である。その意味で、「やりたいこと」や「就きたい職業」を選び、決めるということは、一種の〝賭け〟なのである。

もちろん、〝賭け〟がいけないわけではない。仕事の世界は、いったんは思いきって飛び込んでみないかぎり、それを理解することはできない。その意味で、最後の最後の段階での賭けは必要なのだが、しかし、そのまえにやっておくべきことはある。賭けるのであれば、その相手のことをちゃんと知っておく。〝出会い頭〟ではダメだ。その職業や仕事の世界について、産業構造のなかでの位置や業界の動静、職場や労働環境について、現実的な認識をもっていなくてはいけない。

さらに言えば、自分が、なぜその職業・仕事を選ぶのかについて、みずからの「根っこ」にあるものについても見つめさせ、深めさせたい（キャリア研究の世界では、この「根っこ」のことを「キャリアアンカー」といったりもする）。「根っこ」の部分には、その仕事に就くことを通じて、こんなふうに社会に役立ちたいとか、こんな社会を実現したいとか、自分のこんな特性を生かしたいといった、〝思い〟や価値観が存在するはずである。そして、そうした思いや価値観が明確になれば、それを実現するための手段としての職業・仕事としては、ピンポイントのたったひとつではなく、いくつもの職業や仕事が見えてくるだろう。ようは、選択肢を広げることができるのである。

逆に、「就きたい職業」は決まっているのに、自分の「根っこ」が見えない子どもや若者がいるとすれば、彼の職業観・仕事観は、あまりに〝個人主義的〟になりすぎている可能性がある。人が仕事をするのは、経済的報酬を得るためでもあり、自己実現のためでもある。しかし、それだけではなく、仕事を通じて社会に参加し、貢献していくという側面がある。この社会的側面をじゅうぶんに意識させることも、キャリア教育の重要な役割であるはずである。

本来のキャリア教育とは、「まっとうな社会理解・職業理解を深めること」と「自己の働き方や生き方を探究すること」とのあいだを、何度も何度も往復しながら進められるものだと、僕は考えている。きちんとした社会理解・職業理解に裏打ちされない「夢」や「やりたいこと」は、実際には、かなり表層的で〝薄っぺら〟なものである可能性がある。逆に、自己の働き方や生き方の探究と、広い意味でもクロスしない社会理解や職業理解のための学習は、無味乾燥な知識の獲得でしかなく、テストの場面以外では役立ちそうにない。

重要なのは、「自己」と「社会」をつなぎ、社会理解と自己理解を往復しながら、双方を深め、豊かなものにしていくことであろう。これが、キャリア教育で追求すべき「本道」であると考えれば、これまでの「夢追い型」キャリア教育は、「自己」のがわにのみ偏った営みであったといわざるをえない。

4◈自立した「大人」になるための教育

「夢追い」と「現実適応」のあいだで翻弄される子ども・若者たち

キャリア教育については、まだまだ書きたいこともあるし、多様な論点や争点もありうるのだが、すべてを論じている余裕はない。ここでは、締めくくりとして、ここまでの視点を大転換してみよう。――そもそも、いま現在、キャリア教育を受けている子どもや若者たちにとって、「キャリア教育」とは、いったいなにものなのか、と。

おそらく、キャリア教育の個々の取り組み（自分史の作成、適性検査の受検、社会人講話、職業調べ、職場体験やインターンシップ、職業人インタビュー、上級学校や大学の学部・学科研究、ライフプランの作成、などなど）にかんしては、「自分の将来について、真剣に考えるようになった」とか、「仕事の世界について興味がもてるようになった」とか、「職場体験で仕事の厳しさや働く人の苦労がわかった」とか、「自分の〝夢〟に向けて頑張ろうと思った」といった子どもたちの声を聞くことができるだろう。それはそれで、取り組みのねらいは、実現している（もちろん、それが、どれだけの範囲の子どもに届いたのか、実際に子どもや若者の進路選択に役立ったのか、といった点については、それこそケース・バイ・ケースなのであろうが）。

だから、僕も、これまでのキャリア教育を全面否定するつもりはないし、そんなことをする必要もない。ただし、ここで問題としたいのは、そうしたキャリア教育の個々の取り組みの成否ではない。キャリア教育が導入されたことで、子どもたちの意識や行動には変化がみられたのか。彼らは、それ以前の子どもたちに比べれば、より入念に「将来への準備」ができるようになったのかが、問われなくてはいけない。

この章の冒頭で、子どもと若者が、学校から仕事の世界に渡っていくための〝梯子〟が、なかば外されかけていると書いた。そのことを念頭におきながら、これまでのキャリア教育のあり方を全体としてふり返ってみれば、そこに、つぎのような構図が浮かびあがってくるのではないか。

端的に言えば、このかんの取り組みは、「夢追い型」キャリア教育で、子どもたちをさんざんかきまわしつつ（ときには「夢」を焚きつけ、ときには「自分探し」の〝迷宮〟へと彼らを誘い）、その後は、「とにかく目標に向けて頑張れ！」の号令しかかけることができなかった。当然、卒業という「出口」においては、「夢」はかなうこともあるが、実際にはかなわないことのほうが多い。そのさいには、結局のところ、現実原則が優先することになり、子どもたちには、なりふりかまわず、どこかの（空席のある）梯子にしがみつかせようとしてきたのではないのか。つまりは、心ならずも「適応型」キャリア教育論に道を譲ってきたということである。

この意味で、「夢追い型」キャリア教育論と「適応型」キャリア教育論は、その理念的な側面は正反対の関係に立つが、しかし、実体はメダルの表裏の関係にあり、前者は、後者へと容易に転化してしまう可能性（危険性）を秘めてもいたのだ。

そうだとすれば、だれがどう考えても、最大の被害者は、子どもたち・若者たちにほかならない。彼らは、思いきりアスピレーション（欲望）を煽られたあげくに、最終的には、なんの〝防備〟ももたされずに、「現実」へと突き落とされることになったのだから。

なにを大切にし、どう生きるのかのなかに仕事を位置づける

では、本来、求められたはずのキャリア教育とは、いったいどんなものだったのか。

もう一度、先の図に戻ろう。求められるのは、座標軸の原点に位置づくキャリア教育のかたちである。

タテ軸に即していえば、社会適応や「現実」のがわに偏るのでも、子どもたちの「夢」や「やりたいこと」にだけ偏るのでもない、中庸のポジションが求められる。社会や職業世界についてのじゅうぶんな学習と、自己理解や「やりたいこと」についての探究をくり返し往復しながら、子どもと若者には、「現実」と「夢」のあいだに〝折り合い〟をつけることのできる判断力や行動力を身につけてもらう必要がある。

ヨコ軸にかんしていえば、ワークキャリアに傾斜するのではなく、ライフキャリアにも目配りしたキャリア教育が求められる。「学校」から「仕事の世界」への〝梯子〟が外されかけた状況とは、たしかに厳しい環境ではある。しかし、それは、これまでの社会の「標準」とは違うかたちで、学校から仕事の世界へと〝渡る〟選択肢が生まれているということでもある。

組織が個人のキャリアを開発してくれる時代は、終焉に向かいつつある。これからは、個人がみずからのキャリア開発をしていく時代である。そうした時代に対応するには、「職業人」であるまえに、まず自立した「大人」である必要がある。自分がなにを大切にし、どう生きていくのかという大きな展望（方向感覚）のなかに、みずからが働くことを位置づけることが求められている。キャリア教育は、そうしたことのできる個人の形成をめざし、そのための準備に資する幅広い教育であるべきであろう。

第5章 だれのための大学改革なのか？

大学改革が、凄まじい勢いで進んでいる。現在の大学の姿は、おそらくひと昔まえの大学を知る者には想像もできまい。僕自身は、大学という制度の内部にいる者であるが、二十年まえに自分が教員になったころと比較すれば、掛け値なしに〝隔世の感〟がある。二十年まえの僕には、今日のような「大学」の実情は、とうてい想像することすらできなかった。

改革のターゲットは、多方面に渡っている。「研究」の面において、世界のトップレベルをめざすための改革、グローバリゼーションや「知識基盤社会」化を意識して、大学の「人材育成」の機能を強化するための改革、大衆化した大学の教育の「質保証」を求める改革、『大卒だって無職になる──〝はたらく〟につまずく若者たち』(工藤啓、エンターブレイン、二〇一二年) 状況を前提として学生にたいする「キャリア支援・就職支援」を強化するための改革、高大接続や入試の改革、これらの大学改革を効率よく、実効的に進めるための「ガバナンス(大学の管理・運営)」の改革、などなど。

挙げていけばキリがないのだが、これらすべてのテーマを網羅して論じることは、およそ現実的ではないし、僕の力量では手に余る。以下では、前章でもとり上げた「学校」と「仕事の世界」との接続の変容という事態を意識して、主として大学教育の「出口」にかかわる「改革」問題について論じてみたい。

いま、なにが起きているのか。起こりつつある変化は、望ましいものなのか。「大学改革」をめぐって展開されている議論の構図を明らかにしつつ、その〝陥穽〟についても考えてみたい。

1◈少子化で様変わりする大学

大学をめぐる変化

	1990年	2014年
18歳人口	約201万人	約118万人
大学の学校数	507校	781校
大学進学率	24.6%	51.5%
大学生数	約213万人	約286万人
就職率	81%	69.8%

【出典】学校基本調査 年次統計より作成

膨張し、多様化した大学

まず、「変化した、変化した」と僕だけが大騒ぎをしても、読者のかたにはそれが伝わらないと思うので、基本的な事実を見ておこう。

表は、一九九〇年と二〇一四年の数値を比較したものである。まず、この二十年あまりのあいだに十八歳人口は、約四割も減少している。しかし、これだけの少子化にもかかわらず、逆に、大学の数は一・五倍に増加した。進学率は二・一倍にも跳ね上がり、大学生の数も一・三倍に増えている。減少しているのは、唯一、当該年度の卒業者全体を分母として見た場合の就職率のみである。

大学は、なぜここまで〝膨張〟したのか。いくつかの要因がある。

①—規制緩和によって、文部科学省が、大学・学部の新・増設を以前よりも容易に認めるようになったこと（そのなかには、かつての短大が、四年制大学へと転換したケースも少なくない）

②—高卒求人が減少し、高卒での就職が難しくなったこと（就職の代替としての進学）

③—保護者や生徒の進学志向（場合によっては、「高卒で働かせるのは忍びない」「高卒で働く覚悟はできていない」といった意識）が高まったこと

④—推薦入試やＡＯ入試の拡大によって、大学進学への「敷居」が、格段に低くなったこと（現在では、定員割れをしている私立大学は、全体の四割を上回っている）

である。

いわゆる大学の大衆化（ユニバーサル化）が、またたく間に進行してきたわけである。同時に、こうした大衆化は、大学の学部・学科の多様化を随伴してもいた。「法」学部、「文」学部、「医」学部、「理」学部といった伝統的な〝一文字〟学部は、いまや少数派に転じ、「経営」学部や「社会」学部といった〝二文字〟学部、いや、二文字どころか「国際○○」「人間○○」「情報○○」「文化○○」学部と、〝四文字〟学部が、花盛りである。そして、はては、〝カタカナ〟学部までが登場している（ちなみに、僕が所属している法政大学「キャリアデザイン学部」は、堂々、カタカナ八文字の学部である！）。

ここまで来ると、どこもが新規性のみを競っているようにも思えてきてしまうが、現在、大学

が授与することのできる学士の数は、七百種類以上にまでおよんでいる。かつては、二十九種類であった学士の種類が、いまや七百を超えるに至っているわけである。社会の新たなニーズが新たな教育を要請し、結果として新しい学士が生まれるということは、一般論としては正しい。

しかし、七百種類にまでおよぶとは、いかがなものか。「乱立」との批判を浴びてもしかたのない状況であろう（実際、日本学術会議は、文科省からの諮問を受けて、「明確さ」と「国際的通用性」の観点から、大学に学士の名称について見直しを求める報告書を提出している。日本学術会議・大学教育の分野別質保証委員会『学士の学位に付記する専攻分野の名称の在り方について』二〇一四年）。

僕が「大学が様変わりした」と大騒ぎしてしまうひとつの根拠は、こうした意味で、大学教育の「器」そのものが、急速に膨張し、さらに多様化したという点にある。

授業数の確保、シラバス、教員評価

様変わりしたのは、大学教育の〝器〟だけでは、もちろんない（立て看板やビラを見なくなった、教室や学生食堂が小奇麗になった、華やかな女子学生が増えたといった話は、脇においておこう〈笑〉）。

まず、学生は、本当によく授業に出席するようになった。友だちに会いに来ているという噂もあるが、基本的には教室に〝鎮座〟している。そして、教員も、原則として休講はせず、休講した場合には補講を行なっている。だから、半期の授業であれば十五回、通年の授業であれば三十回、きっちりと授業が実施される（いまはクォーター制というものも流行りはじめているので、その場合には各クォーターで八回になるが）。そのため、以前と比較すると、夏休みの期間が短くなったし、私立大学などでは、祝祭日の月曜日にも、授業回数の確保のために授業を実施することが珍しくない。

学生は、履修のさいには、「シラバス」を参考にする。シラバスには、授業の概要だけではなく、授業の目標、教育方法、全十五回（三十回）の授業計画、教科書や参考文献、成績評価の方法と基準、予習・復習の指示などが網羅的に記載されている。「シラバス」は、授業を履修する学生との「契約書」であるというのが、原則的な考え方なので、その考え方にたてば、教員のがわが、一方的に授業内容を変更することなどは許されない。

また、大教室で教員が、ただひたすら〝チョーク&トーク〟に終始するような講義形式の授業は、いまや肩身が狭い。パワーポイントのスライドと豊富な資料が用意され、教員と学生の応答場面や、学生どうしでの討論やグループワークを組み込んだ授業もめだつようになってきた。授業の終了時には、リアクション・ペーパーを学生に記入させ、次回の授業でフィードバックするという授業も少なくない。さらに、授業改善の目的で、学生による授業評価アンケートを行なう大学は多いし、教員どうしでの授業の相互参観を実施している大学もある。授業・教育改善のための教員向けの研修やセミナーの開催も盛んである。

こうした変化は、大学や大学教員のがわが望んで、自分たちの内発的な努力によって実現したものなのか。――そうしたケースが皆無であるとはいわないし、大学の経営陣からすれば、「それくらいは、当然、やってもらわないと困る」という面もあったかもしれない。しかし、圧倒的に多数の大学の場合、こうした大学の「変貌」を実現させたものは、文部科学省による巧みな「大学改革」への誘導である（そのやり方については、後述する）。

たしかに、かつての旧態依然とした「大学」の姿が、すべてよかったとは僕も考えていない。いや、よかったどころか、かなりいい加減であったとさえ思っている。だから、ある種の「改革」は必然であった。しかし、その改革が、あまりに形式的、かつ画一的に進んでしまっているのが、いまどきの大学の実情なのではないのか。

〝FDに取り組め〟の大号令

ちょっとだけ脇道に逸れるが、先に紹介したシラバスの作成や授業評価アンケートの実施のような授業改善をめざした取り組みは、大学関係者以外にはほとんど知られていないと思うが、FD（Faculty Development）と呼ばれる。

FDとは、教員組織（ファカルティ）による教員の職能開発（ディベロプメント）である。もう少し定義ふうに言えば、〝大学の授業と教育の質的な改善に向けた、大学や学部等による組織的な取り組み〟ということになる。二〇〇八年には、改正された大学設置基準（第二十五条の三）が、各大学がFDに取り組むことを「義務化」したこともあって、いまでは日本中の大学において、〝FD花盛り〟の状況が現出している。

比較的に規模の大きな大学の場合には、「高等教育研究開発センター」「教育開発支援機構」といった名称の組織をもち、そこに（学部に所属するのではない）専任教員を配置しているケースもある。こうしたセンターや機構の役割は、たいていは、大学教育にかんする全般的な研究・調査を推進すると同時に、大学の教育課程の編成や教育方法などについての研究・開発を行なうことにある。当然、ＦＤの実施やその支援は、そのなかでも重要な役割のひとつとして位置づけられている。

こうした経緯で、現在の大学業界において、「ＦＤ界隈」は拡張傾向にあり、内輪ではそれなりに賑わっている。しかし、関係者を除く一般の大学教員のなかから、ＦＤにたいして好意的な感情を抱いている者を探し出すのは、じつは相当に難しい。それは、すでに述べたような今日の「大学改革」が、多くの教員にとっては、〝上から降ってきて、自分たちの教育活動を縛るもの〟としか認識されていないからだ。だから、せっかく開催された教員向けの研修会が、関係者以外にはわずかの参加者しか集めることができず、教室に閑古鳥が鳴くといった笑えない事態も起きてくる。これでは、いったいなんのためのＦＤであり、なんのための大学改革なのか。

それでも大学改革が進んだ理由

ただ、それにしてもだ。大学の内部にいる一般の教員から、あまり「好意的」には思われていない「大学改革」が、なぜ、ここまで急ピッチで進んできたのか。

大学教育を変容させた力学

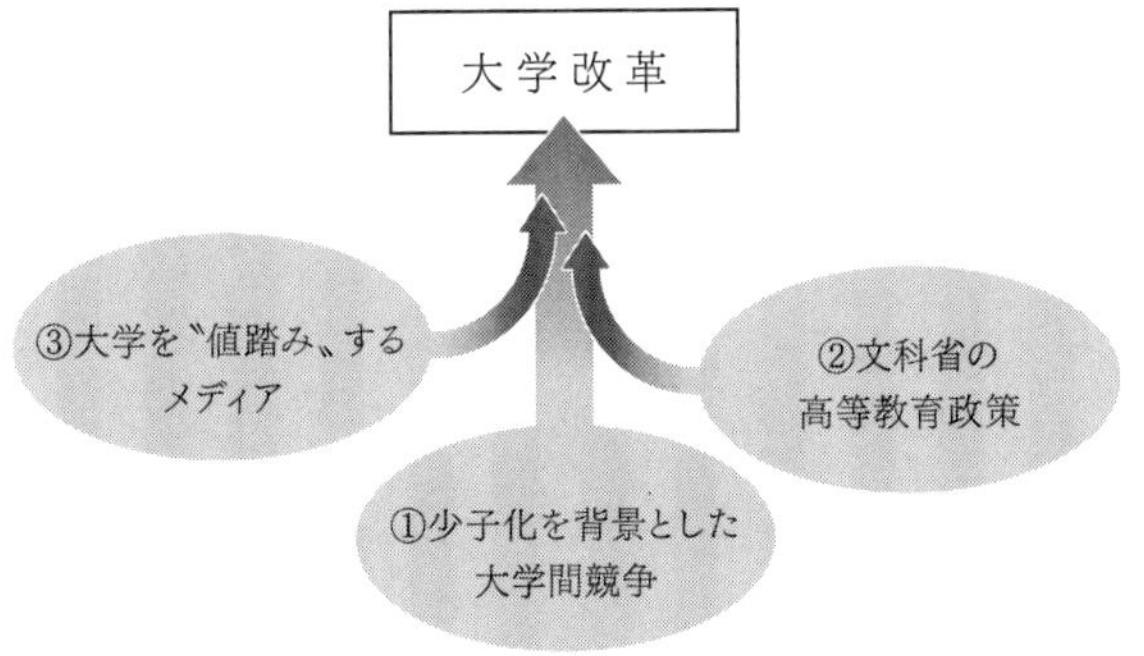

指摘してきたような大学の変貌は、その「器」の変容にかんしては、一九九〇年代以降に徐々に進みつつ、二〇〇〇年代に入って加速した。ＦＤを含めた、大学教育そのものの変容は、二〇〇〇年代なかば以降に、加速度的に進んできたと見ることができる。なにがそれをうながしたのか。――ざっくりと言ってしまえば、図のような構図（力学）が働いたからである。

基本的な動因となったのは、やはり「①少子化を背景とした大学間競争」の激化である。十八歳人口は、一九九〇年代以降（正確には、一九九二年に二百五万人のピークに達して以降）急速に減少しはじめ、現在では百二十万人を下回る段階を迎えている。しかも、この時期には、すでに指摘したように、大学の学校数は急増した。

その結果、大学進学率じたいの上昇、社会人学生や留学生の増加も考慮に入れる必要はあるが、客観的に見れば、（希望者は、選ばなければ、どこかの大学には入れるという意味での）「大学全入時代」が到来している。当然、入学者確保をめぐる大学間の競争は、熾烈をきわめ、二〇一四年度の実績で見ても、全国の私立大学の四五%強は、すでに定員割れの状態にあるのである。

こうした状況を背景として、大学間では、みずからの大学の〝魅力〟や〝ウリ〟を高めるための「改革」が加速度的に進んできた。これは、一般の大学教員が好意的に思おうと、思うまいと、大学経営の立場からすれば、死活の課題である。そして、そのさいに魅力やウリとされたのは、(一部の上位大学の場合には)国際的にも通用する研究成果や研究発信の強化ということもあろうが、多くの大学にとっては、大学の「教育力」の強化であり、そのことを通じた就職実績の向上であった。

注意しておきたいのは、こうした大学間競争には、水平関係(横並び)の〝追随〟圧力が働くという点である。これは、新しい試みを始めた他大学が、「自分たちと同様の取り組みをせよ」と迫ってくるといった意味での〝同調〟圧力では、もちろんない。そうではなくて、他大学が取り組みはじめた以上、みずからの大学だけがやらないわけにはいかないという意味での同調への重圧が、大学間競争という環境システムによって仕掛けられるということである。大学間競争の怖いところは、だれもがその競争場裡から降りることができない点にあるのだ。

たしかに、一定以上のレベルの大学であれば、みずからの大学が、いきなり定員割れに陥ることを心配するわけではない。しかし、同じレベルの他大学(言ってしまえば、ライバルの大学群)が、いっせいに「大学改革」に動きだしたのに、自分の大学だけが動かないとすれば、そしてそこに、少子化の趨勢が重なるとしたら、だれもが警戒するのは、みずからの大学に入学してくる学生層のレベルが下がり、みずからのポジションが「地盤沈下」してしまうことにほかならない。

実際、この二十年あまりのうちに多くの大学人が学んだことは、大学や学部のランク、もっとあけすけに言えば、偏差値などというものは、最上位の大学群を除けば、意外なほどに簡単に上下動するという「事実」であった。この意味での〝転落への恐怖〟こそが、このかんの「大学改革」を草の根から突き動かした原動力にほかならない。

2◈文科省の巧みな誘導とメディアの視線

文科省の大学「認証評価」制度

先の図に戻ろう。このかんの「大学改革」を駆動した原動力は、たしかに大学間競争のメカニズムにあったが、では各大学が、なににおいて競争するのかという点にかんする〝方向づけ〟を与えたのは、明らかに「②文科省の高等教育政策」と、時間的には少し遅れるが、「③大学を〝値踏み〟するメディア」の成立であった。まず、前者から見ておこう。

ごく概括的に言ってしまえば、大学制度の拡張期（高度経済成長期まで）、文部省の高等教育政策は、国立大学にかんしては一定の統制が可能であったとはいえ、私立大学にかんしては、基本的に〝野放し〟の状態が続いていた。だからこそ、戦後、一〇％台から出発したこの国の大学進学率は、最低限の設置認可等の手続きはあったとはいえ、一九七〇年代には、一気に三〇％台にまで上昇した。それを後押ししたのは、私立大学セクターの拡張（膨脹）であり、いまでいうところの大学教育の「質保証」は、もっぱら入試が担うという格好になっていた。

こうした〝自由放任〟政策が一定の転換を見せたのは、私立学校振興助成法が成立した一九七五年以降のことである。このとき以来、文部省は「助成金」という名の私立大学にたいするコントロールの手段を獲得し、実際、かなり厳格に各大学の定員管理を行なってきた。結果として、大学進学率は、一九九〇年代にふたたび大学の設置や定員増が規制緩和されるまでは、ずっと三〇％台半ばで横ばい状況にあった（私学助成が開始されたのと同じ一九七五年には、専修学校が制度化され、高卒者を受け入れる専門学校が、高卒後の進路構造の一角を占めるようになったという事情も重なる）。

ところが、九〇年代の規制緩和以降、すでに述べたように、大学はおおいなる〝膨張〟を経験し、大学進学率は、現在では五〇％を超える段階を迎えている。文部科学省は、ここにおよんで、大学教育の「質保証」に本気で乗り出してきたのである。文科省による大学のコントロールの手法は、主要には二つある。いわゆる〝アメ〟と〝ムチ〟である。

〝ムチ〟にあたる部分は、法令などによって縛りをかけることにほかならない。たとえば、国立大学を独立行政法人化して、中期目標・計画の策定を義務づけ、その内容を評価する。そのうえでときには、文部科学大臣によって「組織及び業務全般の見直しについて」の指示が下されるといったことである。毎年、運営交付金が定率削減されることとも相まって、法人化以前と比べると、文部科学省による国立大学への統制は、格段に強まっているといわれる。

また、大学にたいする「認証評価」制度を導入し、すべての大学が定期的に、文部科学大臣の認証を受けた評価機関（認証評価機関）による評価を受けることを義務づけたこと、大学設置基準の改正によって、先にもふれたＦＤの実施を義務化したり、就職問題を見すえた「キャリアガイダンスの実施」を義務づけたことなども、これにあたる。あるいは、中教審の答申（「我が国の高等教育の将来像」、二〇〇五年）を通じて、各大学が、「入学者受け入れの方針（アドミッションポリシー）」「教育課程編成・実施の方針（カリキュラムポリシー）」「学位授与の方針（ディプロマポリシー）」を明確にして公表することを迫ったことなども、同様である。

いずれにしても、近年、文科省による大学への統制が強められており、しかもそれは、定員管理のような大学教育の〝外回り〟にたいしてだけではなく、まさに大学教育の本体である〝内側〟に食い込んできている点に特徴がある。

補助金による露骨な「誘導」政策

では、〝アメ〟にあたる部分は、なにか。――いうまでもなく、補助金である。

このかんの「大学改革」の流れにおいては、国立大学への運営交付金や私立大学への経常費補助金は、基本的に減額傾向にある。それを埋めるべく設定されているのが、いわゆる「競争的資金」と呼ばれる助成金にほかならない。単刀直入に説明すれば、文科省が望ましいと思う「大学改革」のテーマを打ち出して、公募を募る。われこそはと思う大学は、実施の理念・目的からはじまって、事細かな実施計画や経費の使用計画までを携えた申請書を提出する。選考の結果、見事に採択されれば、期限つきの補助金が得られるというしくみである。重要なのは、公募のテーマ設定や条件などの指定は、すべて文科省の高等教育政策のがわが握っているという点にある。

もちろん、一口に「競争的資金」といっても、世界トップランクの大学入りをめざすような「研究型」のものや、その関連での「グローバル人材育成」、はては大学教育の「質保証」をねらいとするものまで、多様に存在する。それぞれにターゲットや性格が異なるところはあるのだが、しかし、共通点もある。それは、「競争的資金」をフル活用した高等教育政策は、日本の大学教育全体の底上げを意図したものではなく、むしろ文科省が定めた公募条件や、あるべき「大学改革の基準」を満たせない大学は遠慮なく振り落としていくという、〝淘汰〟の論理に裏打ちされている点である。

冷静に考えてみれば、これほど露骨な〝誘導〟政策はない。しかし、少子化のなかで経営的な生き残りを賭ける大学にたいしては、これは、きわめてよく効く〝速効薬〟なのである。

文科省が「競争的資金」という手法によって、大学教育の改善や「質保証」に本格的に乗り出してきたのは、おそらく二〇〇三年度以降のGP（グッドプラクティス）事業が、その嚆矢《こうし》であろう。これは、「特色ある大学教育支援プログラム」「現代的教育ニーズ取組支援プログラム」等々とその名称を変えながら、連綿と続けられてきた。そして、その統制色がいちだんと強められた事例は、二〇一三年度から開始された「私立大学等改革総合支援事業」に見ることができる。

これは、これまでのGPのように、特定の教育プログラムや取り組みを評価し、それにたいする補助金を支給するものではなく、大学の教育力の向上のために、各私立大学が組織的・体系的に取り組む「大学改革」そのものをトータルに評価するというものである。その評価方法は、文科省が準備する「調査票」にたいする各大学の回答内容が「点数化」され、選考が行なわれるというもので、選定されると、経常費・設備費・施設費が重点的に支援される。

これが、なにを意味するのか。少々わかりにくいと思うので、実際の「点数化」のさいの「配点区分表」を見てみよう。じつは、「私立大学等改革総合支援事業」では、支援対象校の選定にさいして、四つのタイプが設定されている。次ページの表が、そのうちのタイプ1「建学の精神を生かした大学教育の質向上」（教育の質的転換タイプ）の配点表である。

一見してわかるように、近年の「大学改革」にさいして、文科省が大学に実施させたいと考えている事項が並べられており、ごていねいに「重点項目」なども指定して、点数にも比重がかけられている。

「文部官僚、恐るべし！」と言うべきなのか。ここまで事細かな「形式」基準を守らされつつ、どうやったら「建学の精神」にもとづく私立大学らしい取り組みができるというのだろう。先に、近年の大学改革の問題点は、その「形式化、形骸化」にあると書いたが、その〝いびつさ〟の典

私立大学等改革総合支援事業 配点区分表

タイプ1「建学の精神を生かした大学教育の質向上」

		設問	回答 実施	一部実施	未実施
1 基本的事項に係る評価	(1) 全学的な教学マネジメント体制の構築	①ディプロマポリシー及びカリキュラムポリシーの策定、公表	4点	−	0点
		②学長を中心とした全学的な教学マネジメント体制の構築 **【重点項目】**	10点	−	0点
		③IR担当部署の設置及び専任の教職員の配置	5点	3点	0点
		④教育課程の形成・編成への職員参加の仕組み	5点	2点	0点
		⑤教育の質的転換に関するSDの実施	3点	−	0点
		小計	27点		
	(2) 教育の質向上に関するPDCAサイクルの確立	⑥準備学習に必要な時間又はそれに準じる程度の具体的な学修内容のシラバスへの明記 **【重点項目】**	10点	5点	0点
		⑦シラバスへの到達目標の明記	4点	2点	0点
		⑧シラバスの記載内容の適正性について、担当教員以外の第三者によるチェックの実施	5点	3点	0点
		⑨学生の学修時間の実態や学修行動の把握の組織的な実施 **【重点項目】**	10点	3点	0点
		⑩学生による授業評価結果の活用 **【重点項目】**	10点	〜	0点
		⑪教員の教育面における評価制度の設定	2点	1点	0点
		⑫FD実施のための組織(委員会等)の設置及び活動(会議等)の状況	4点	2点	0点
		⑬アクティブ・ラーニングによる授業の実施	5点	2点	0点
		小計	50点		
2 多様な取組に関する評価		⑭履修系統図又はナンバリングの実施	3点	1点	0点
		⑮オフィスアワーの設定	3点	2点	0点
		⑯GPA制度の導入、活用	3点	2点	0点
		⑰学生の学修成果の把握	5点	2点	0点
		⑱1年間あるいは1学期間に履修科目登録ができる単位数の上限の設定	3点	2点	0点
		⑲学内の教育改革に取り組む教員又は組織(学部等)を財政的に支援するための予算の設定	3点	−	0点
		⑳高等学校教育と大学教育の連携強化 **【新規】**	3点	〜	0点
		小計	23点		
合計			100点		

型が、まさにこの事業のなかに顕現している。

シューカツ論壇の成立

少し話を戻そう。先の図に示した構図にあるように、近年の「大学改革」を牽引した三つめの動因は、「③大学を〝値踏み〟するメディア」の成立である。この点がじつは、「学校から仕事へ」の移行プロセスの変容という、この章で意識したいテーマとも深くかかわってくる。絞り込んで言ってしまえば、いわば「シューカツ論壇」（くわしくは、拙編著『これが論点！就職問題』日本図書センター、二〇一二年、を参照）が登場したことの影響で、大学は、社会的な〝監視〟にさらされながら、就職実績を向上させることを主要な目的とした「改革」に、不断に乗り出していかざるをえなくなったのだ。

二〇〇〇年代以降（少しタイムスパンを短くとっても、二〇〇八年秋のリーマン・ショック以来）、新聞、雑誌、テレビ、インターネット媒体のメディアなどが、大学生の就職問題を喧《かまびす》しく報ずるようになった。そこでは、いくつものメディアに登場する〝就職問題にくわしい評論家〟や〝大学評論家〟が出現し、世論にたいして一定の影響力を発揮するようにもなった。新聞社が分厚い「大学ガイド本」を発行して、就職を含めてさまざまな実績にかんする数値を集めたり、週刊誌はもっと露骨に、大学の「就職率ランキング」や「大企業への就職実績ランキング」を発表したりといった光景が、日常的にみられるようになった。

大学卒業者の卒業後進路状況

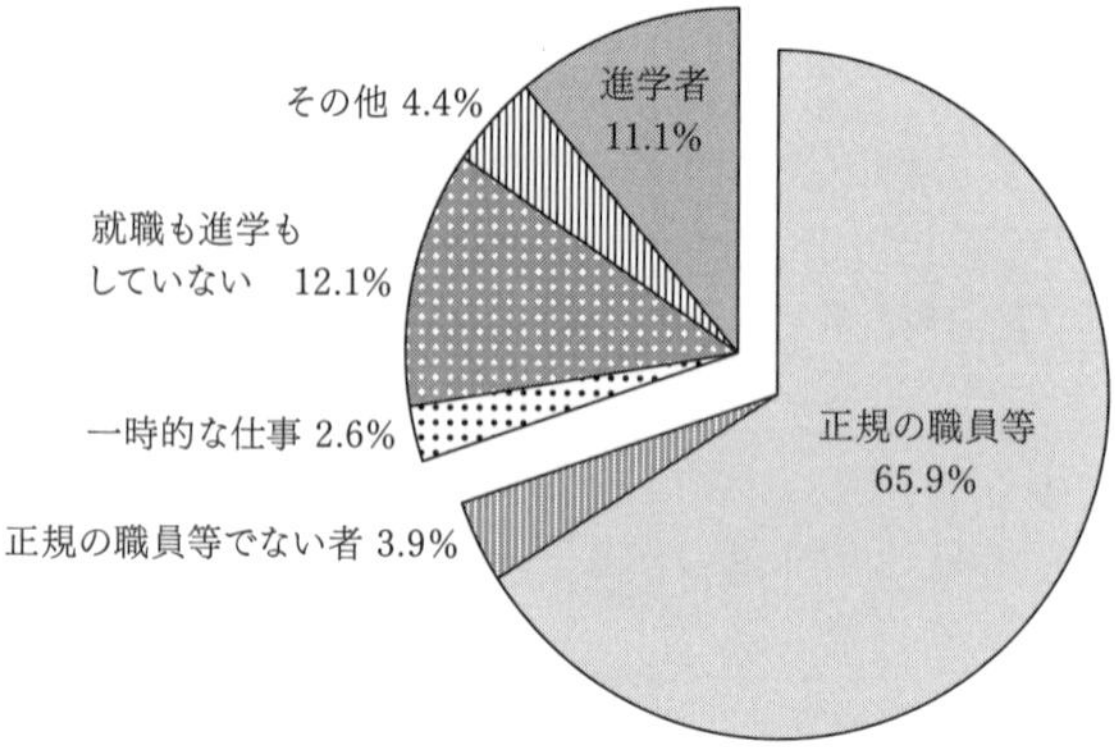

こうした「シューカツ論壇」が、なぜ成立したのかと言えば、端的に、大学生の〝就職難〟の現状が世間の目にさらされるようになり、それが社会問題化したからである。

円グラフは、状況がかなり「改善」してきたとされる二〇一四年三月卒の大学卒業者の進路内訳を示したものである（文部科学省「学校基本調査」二〇一四年）。「正規の職員等でない者」（おそらくは、派遣社員や契約社員になった者）、「一時的な仕事」に就いた者、「就職も進学もしていない者」を足しあわせると（「その他」をどう見るかは微妙なところもあるが）、大学卒業者のほぼ五人に一人は、卒業時点で〝不安定〟な就労の道に進んでいる計算になる（二〇〇〇年代前半やリーマン・ショック後は、もっと厳しい状況で、ほぼ四人に一人になっていた）。

これは、かつての「大学」を知る者にとっては、かなりショッキングな事実なのではあるまいか。当然、中学生や高校生あたりの子どもをもつ親にたいしても、その不安をかきたてるのにじゅうぶんすぎる事実である。言ってしまえば、「どの大学に行けば、大丈夫なのか」「どの大学であれば、就職支援に熱心なのか」——こうした関心が、親世代のような直接的な当事者をも超えて広がったことが、大学の価値を就職実績でとらえて〝値踏み〟する、先のランキング類を流行らせたのである。

もちろん、「シューカツ論壇」で論じられていることは、ランキングやノウハウのようなことがらばかりではない。そもそも大学生の就職難は、なぜ生じたのか。いわゆる「日本的雇用」の今後はどうなっていくのか。現在の就職活動のしくみには、どういう利点があり、どんな問題点があるのかといった、かなり真面目なテーマ群があふれている。こうしたテーマを論ずることじたいが、悪いことであるはずはない（おそらく僕も、この論壇の末端には位置しているというべきなのだろうし）。

しかし、こうした「論壇」が成立し、さまざまなメディアを通じて露出したということは事実である。そして、そのもっとも〝世俗的〟な部分であるランキングのたぐいに、多くの人びとの目を釘付けにし、注目を集めさせたことも、また真実であろう。そして、大学は、そうした社会からの〝値踏み〟する視線に拘禁されているのだ。

肥大化する学生キャリア支援

かくして、「大学改革」は、待ったなしの状態にある。大学のがわは〝降りたくても、降りられない〟。以上に論じたことをまとめると、もともと少子化を背景とする大学間競争があり、その競争のトラックは、文部科学省による法令上の枠づけ（ムチ）と財政上の誘導（アメ）によって仕切られている。そこに来て、大学を〝値踏みする〟メディアの報道と世間の関心が、「就職実績」という格好の〝スケープゴート〟を発見した。どんな大学であれ、躍起になってこの基準をクリアすべく、「改革」に乗り出さざるをえない状況が生まれているのだ。

もちろん、日本に七百八十校以上ある大学が、すべて同一の基準で「就職実績」を競うわけではない。最上位に属する大学群であれば、近年やたらに強調される「グローバル人材」の輩出が、中堅の大学群であれば、いわゆる「大企業」への就職実績が、そして、それよりも下位の大学群であれば、ともかくも卒業生の「就職率」そのものが、おそらくは競争の〝基準〟になるのだろう。ただ、そうした違いはあるにせよ、「就職実績」という意味では共通のプラットフォームの上で、各大学は、同レベルの大学グループ群のなかでのヨコ並びの競争に駆り立てられるわけである。

では、就職実績を上げるために、各大学は、どんな取り組みをしているのか。ごく簡単に紹介しておこう。

まず、しばらくまえの時期まで、大学における就職支援といえば、就職部などによって大学三年次の秋以降に実施される、就職活動のためのガイダンスやセミナー、講座などが中心であり、その後、実際に就職活動が開始したあとには、個別の相談がこれに加わっていた。内容的には、学生に就活の流れや心がまえなどを理解させたうえで、エントリーシートの書き方や自己分析の仕方、面接への対処法、業界研究や会社研究の仕方など、いわば就活の〝ノウハウ〟を伝えることが目的とされていたといえる。

しかし、このスタイルが現在ではかなり様変わりしている。

第一に、どこの大学でも、就職部や就職課は、「キャリアセンター」などへと名称を変更し、同時に、学生にたいする支援は、大学一年次から卒業時までシームレスに（とぎれなく）実施されるようになった。

第二に、支援の内容も、就職活動に特化したノウハウを教える取り組みだけでなく（この部分も、かなり手厚くなっているが）、大学一年・二年次では、将来自分がどう働き、どう生きていくのかなど、幅広いキャリア設計などについて考えさせるといった趣旨の「キャリア形成（キャリアデザイン）支援」へと広がっている。

第三に、右記の「キャリア形成（キャリアデザイン）支援」を担うような、いわゆるキャリア教育科目、あるいはインターンシップ科目などが、正課の教育課程に組み入れられ、単位化されるようになった。

第四に、キャリア支援・教育の担い手は、従来は、キャリアセンター（就職部）の職員や教員であったが、いまでは、キャリア教育科目やインターンシップ科目の担当者として、人材系の業界や企業での人事経験者などが、「特任教員」といったかたちで採用されるケースが増えてきた。

ようするに、各大学における取り組みは、

①―三年次秋以降の支援から、一年次から卒業時までの支援へ
②―就職活動の支援から、キャリア形成支援とキャリア教育へ
③―正課外のガイダンスやセミナーなどから、単位化された授業での教育へ
④―キャリア支援・教育の担い手が、大学の教職員から社会人経験者へ

と拡張の一途をたどってきたのである。

〝至れり尽くせり〟かどうかはわからないが、学生にたいするキャリア支援は、ともかくも系統化・体系化・組織化されてきた。「就職実績」をめぐる競争とは、各大学が、こうした体制を築けるかどうかをめぐるせめぎあいでもある（僕自身は、じつは、こうしたキャリア支援の肥大化には、少なからぬ〝落とし穴〟があると思っているのだが、この論点については後述する）。

3◈変貌する大学

現場からの〝言い分〟

大学が多すぎるのか？

さて、以上で、状況の説明は、ほぼ終えた。

では、こうして様変わりした大学をめぐって、とくに学生の就職にかかわる大学の役割や機能をめぐって、現在、どのような議論が展開され、そこにはどんな論点や争点が存在しているのだろうか。主要なものをいくつかとり上げてみる。

まずは、財界の一部などから、ときどき聞こえてくる「大学が増えすぎた」という言説。

ようするに、企業が大卒に求めるのは、将来的には組織の中核を担ってくれるような「基幹社員」の候補者である。その観点からすれば、現在では、大学（大卒者）の数は多すぎるし、だからこそ、卒業しても就職できない大学生が大量に出現しているのだ。増えすぎた大学は、減らすしかないではないか、と。

ある意味、わかりやすい。そして実際、おとなりの韓国では、大学進学率が八割を超えるに至り、大卒者の就職難が、日本以上に深刻化した。そうした事情を背景に、二〇〇〇年代なかば以降には、政府が「大学構造改革」に乗り出し、大学の統廃合（成果をあげない大学の〝排除〟）と学生定員の削減を断行している（尹敬勲『韓国の大学リストラと教育改革』Book&Hope、二〇一三年、を参照）。おとなりの国で実行されていることなのだから、財界の一部が言っていることも、一概に〝荒唐無稽だ〟などと決めつけるべきではないかもしれない。

しかし、この「大学が増えすぎた」言説は、少々〝古臭い〟。つまり、昭和の時代の「大学」イメージを引きずっており、〝大卒＝エリート＝基幹社員〟という前提にもとづく認識である。しかも、労働市場の実態に即して、本当に大卒が余っているのかどうかについて、客観的な分析がなされているわけでもない。

実際、この二十年あまりのあいだ、高校新卒者向けの求人数は、ピーク時の八分の一程度にまで激減している（一九九二年の百六十七万六千人にたいして、二〇一四年は二十三万八千人）。その背景には、産業構造の転換によって、第二次産業の就業者が減少し、第三次産業を中心としたサービス化・情報化・「知識基盤経済」化の進展がある。当然、グローバリゼーションへの対応も必要であり、組織や職場で求められる労働力の水準は、現在でも、そして今後はなおさら高度化していく可能性がある。こうした傾向は、先進諸国には共通のものであり、だからこそ、ＯＥＣＤに加盟する諸国は、近年の教育改革において、高等教育修了者を増加させることに躍起になっているのである。

こうした状況にあるにもかかわらず、「大卒＝基幹社員なのだから、こんなに多数は要らないよ」といった認識は、そもそもいかがなものだろうか。

もちろん、先にも見たように、十八歳人口が急減しているにもかかわらず、大学進学率は急上昇したわけだから、平均値で判断した場合の大学生の「質」や「レベル」は、低下している可能性が強い(それを「劣化している」と言うかどうかは、個人の趣味、いや〝悪意〟の問題であると思うが)。

その意味では、古い「大学」イメージを引きずったまま、財界の中枢にいるような高齢のかたがたの〝憤り〟は、気もちとしては理解できないわけではない。ただ、それは、古い世代の〝嘆き節〟にとどめておくべきではないか。

機能別分化にとまどう大学人

右のような「大学が増えすぎた」言説を呼び起こしてしまう一つの背景として、量的には大きく拡大し、大衆化した今日の大学が、そのわりには、各大学が果たすべき役割や機能という点において、じゅうぶんには「多様化」しきれていないという現実がある。

つまり、かつては、大学には高校の上位層の生徒しか進学しないという時代があった。いまでは、その前提は大きく崩れている。にもかかわらず、今日の大学がすべて、かつての「大学」イメージを引きずったままの教育活動をしているのだとしたら……。

それでは、「大学が多すぎる」という声が聞こえてきても、しかたのないところがある。これだけ大衆化した大学に、それでも〝存在意義〟があるのだとすれば、それは、それぞれの大学がみずからのポジションに即して、先に述べたような社会の趨勢やニーズに合う教育活動を独自に展開するかぎりにおいてだろうからである。

先にもふれた中教審答申「我が国の高等教育の将来像」は、大学の「機能別分化」の必要性を主張した。その背景には、こうした状況にたいする深刻な危機意識が存在していたと考えられる。

そこで示された「分化」の内容は、次ページの表にまとめたとおりである。あまりに杓子定規にとらえる必要はないし、①〜⑦にはおさまらないカテゴリーもあるかもしれない。一つの大学が、複数のカテゴリーにわたる役割をはたすケースもあるだろう。しかし、それぞれの大学が、「機能別分化」のうえでのみずからのポジションと役割を自覚し、社会的ニーズに照らして、新たな（大衆化した段階の）大学教育を展開していく必要があるという主張じたいは、うなずけるところがある。

答申から、十年が経とうとしている。では、この十年のあいだに、「機能別分化」は進んだのか。大学人の多くは、この提言の意味を理解し、その方向に動こうとしたのだろうか。

一部には、みずからが所属し、その教育に責任を負うべき大学を「ノンエリート大学」「マージナル大学」などと規定したうえで、そこに求められる社会的役割を遂行できる大学教育の内実を創造していこうとする主張や動きも出てきている（たとえば、三宅義和ほか『大学教育の変貌を考える』ミネルヴァ書房、二〇一四年、第二章〜第四章、を参照）。現実の、目のまえの学生の「実態」に寄り添おうとすれば、そうなるだろうし、そうすべきでもある。注目すべき動向である。

しかし、おおかたの大学人にとっては、「機能別分化」は、いまだに〝目の上のたんこぶ〟な

中教審が提起する大学の分化した機能

①世界的研究・教育拠点
②高度専門職業人養成
③幅広い職業人養成
④総合的教養教育
⑤特定の専門的分野(芸術、体育等)の教育・研究
⑥地域の生涯学習機会の拠点
⑦社会貢献機能(地域貢献、産学官連携、国際交流等)

のではないか。頭ではわかっていても、できれば認めたくない。いや、認めたとしても、ではどうすればよいのか、どう動けばよいのか、正直わからない、といった心境である。僕も含めてであるが、大多数の教員は、研究者養成を任務とする大学・大学院で育ち、その後、大学の教員になっている。その意味で、〝われらの大学〟イメージは、すでに現代日本の大学の現実とずれているのである。だから、理解はしても、なかなか動くことができない。

そういう意味で、大学の「機能別分化」をめぐっては、正面きった論争的な議論がなされていたりはしない。みな、現実問題としては受け入れざるをえないことをわかっているからだ。唯一、よくいわれるのは、「機能別分化」は必要であるとしても、それを文科省が強引に強制したり、財政誘導によって事実上の強制をはかったりすべきではないといった主張である。

実際、文科省は二〇一五年度概算要求において、「国立大学の機能強化」予算なる競争的資金の枠を設けて、各大学に「機能的分化」への取り組みを迫っている。その意味で、こうした心配は根拠のないものではないのだが、それにしても、きわめて消極的というか、〝防衛的〟な反応ではある。このあたりにも、今日の大学をめぐる根深い〝病根〟があるといわざるをえないのかもしれない。

就職ニーズ偏重への〝怨恨〟

では、すでに紹介したように、今日の大学が、学生にたいするキャリア支援・就職支援に〝前のめり〟になっているという現実にかんしては、どんな議論や主張が展開されているだろうか。

議論には、いくつかの論点と位相の違いがある。

まず、すぐに思い浮かぶのが、「大学は就職予備校ではない」という言説であろう。多くの大学人の〝怨恨〟にも近い叫びではあるが、かつての大学を知る者やリベラルな知識層には、一定の訴求力をもっている。この言説の発信地は、〝キャリア支援や就職支援なんて、やりたくないし、やり方もわからない〟という大学教員の本音と、〝自分は研究者なのだから、教育なんて二の次にならざるをえない〟という傲慢にあると思われるが、それをそのまま、社会に発信するわけにはいかない。だから、ある種の〝理論武装〟が施されることになる。

代表的なものは、大学は「学問の府」であって、学生たちに教養と専門的知識を身につけさせることを任務とする場所である、だから、キャリアや就職といった個人の生き方の問題は、基本的には学生の自主性に任せればよい、といった論理であろう。

とはいえ、実際には、学生や保護者は、大学が手厚いキャリア支援や就職支援を行なってくれることを望んでいる。先に指摘した「シューカツ論壇」の影響を受けているということもあるが、今日の就職難の状況を考えれば、学生や保護者のニーズそのものは否定できるものではない。

そこで、大学＝「学問の府」論からは、さらに変奏した論理がもちだされることもある。端的に言えば、大学教育が「消費者主義」（コンシューマリズム）に陥ることへの危惧である。「消費者主義」とは、大学教育の目的（任務）、内容や方法が、消費者（学生や保護者）の意向に左右され、支配されるということである。この論理にもとづけば、仮に学生や保護者のニーズが、手厚い「就職支援」にあるのだとしても、そこにおもねっているようでは、大学教育の本来の任務を果たせなくなるといった〝理屈〟が導かれよう。

いずれも、理解できないわけではないが、いかにも想定する「大学」イメージが古すぎて、進学率五〇％超の今日の現実には合っていない可能性が強い。もちろん、大学本来の任務を大事にすべきという主張は、そのとおりである。しかし、現在では、その大学本来とされる「任務」がなんであるのか自体が、じつは鋭く問われているのだ。

就職支援に蚕食される大学教育

右のような「大学は就職予備校ではない」言説は、実質的には、いわば古典的な大学像を前提とした議論であるが、そうではなく、現代の社会的ニーズに即した大学の改革の必要性を認めつつも、現在の大学におけるキャリア支援・就職支援のあり方については、それを疑問視する主張もある。

核になる認識は、いまどきのキャリア・就職支援は、大学の正課内教育・正課外教育の枠のどちらにしても、〝肥大化〟しすぎているのではないかというものである。ここが〝肥大化〟するということは、学生の時間と労力の少なくない部分が、キャリア・就職関係の学習や活動に奪われるということであり、そのぶんだけ「本業」（大学本来の教養教育や専門教育）を〝圧迫〟していることが危惧される。

学生が就職できるように教育・支援することは、大学の役割であるとしても、この状況のままでは本末転倒になってしまい、学生たちに、大卒にふさわしい「教養」や「専門性」を獲得させるためのじゅうぶんな教育を保障できない可能性がある。もちろん、現在の就職活動の仕組みや企業の採用基準の問題（端的に言えば、文系学部の学生は、身につけた「専門性」や学業成績を評価されて、企業に採用されるわけではない。サークルやアルバイトなどでの活躍のほうが評価されるという「都市伝説」さえ、学生のあいだには流布している）もあるので、一概に大学教育だけに責任を負わせるわけにはいかない。

しかし、肥大化したキャリア支援・就職支援が、学生たちから、大学での学業や自主的活動にじっくりと取り組む時間やエネルギーを奪ってしまうとすれば、結局は、企業が入社後の成長を期待して学生たちに望む「潜在的能力」や「基礎的・汎用的能力」も、じゅうぶんには身につかないことになるのではないか。そうであれば、大学教育にとっても、企業にとっても、学生本人にとっても、これほど無益なことはなかろう。

4◈あらためて「なんのため」から「だれのため」へ

混沌のなかの大学像

右に述べてきたことは、究極的には「大学とはなにか」「大学教育はなんのためにあるのか」という問いに逢着する。伝統的な「大学」イメージには、こうした問いにたいする、おおかたの者が共有しうる〝解〟が含まれていた。選ばれた者が通う教育機関であり、幅広い教養と専門性を獲得する場であり、卒業生の多くは、高度専門職業人や企業のなかの「基幹社員」、組織のなかでの指導的立場に就いていく、などなど。

表現は異なるかもしれないし、多少の強調点の違いなどはあるかもしれないが、伝統的にはこうした〝解〟が存在し、緩やかに共有されてもいた。しかし、いまでは、大学の拡張や大衆化によって、伝統的な〝解〟が通用しなくなっているのだ。だからこそ、「現代における大学とはなにか」という問いが、新たに浮上し、おおいなる意義を帯びはじめている。そう考えれば、近年、書店の棚をのぞくと、大学や大学教育を論じた本が数多く並び、「リーディングス 日本の高等教育」（玉川大学出版部、二〇一〇年）、「シリーズ大学」（岩波書店、二〇一三年）といった、大学をテーマにした講座・シリーズの刊行がめだってきた理由もうなずけるのではなかろうか。

そうした意味で、論者は、だれもが確信をもちきれない。その証拠に、さまざまな大学教育の改革論が提出されてはいるが、それらのあいだで、表立った議論や論争が展開されている気配はない。みな、ひっそりと持論を提出してみたりはするが、他人の議論に噛みついたりはしない。それは、だれもが、確たる〝根拠〟や〝自信〟をもちにくいからである。

大学教育の役割や機能にかんしては、一方で、グローバル化や「知識基盤社会」化の進行、個人のワークキャリアの転換可能性を見すえたうえで、「ジェネリック・スキル」（どの分野においても通用する基礎的・汎用的な能力）の育成を重視すべきであるといった主張がある。他方で、いわゆる「日本的雇用」が崩れ、大卒であっても新卒採用からこぼれる層が大量に出現している以上、労働市場（企業）に、特定の職業的知識やスキルによって労働者を雇う「ジョブ型雇用」が増えることを見通しつつ、大学教育の「職業的レリバンス（意義）」を強化すべきだといった主張もある。あるいは、伝統的な「大学」イメージに合致する上位の大学以外はすべて、いま文科省が具体化を構想している、大学とも専門学校とも異なる「実践的な職業教育を行う新たな高等教育機関」に吸収されるべきであるといった強面の主張まである。

これらの主張は、相互に鋭く対立しているようにも見える。しかし、実際には、想定している大学や大学生の「層」が異なっているだけである可能性も否定できない。いまや、大学の「機能別分化」という補助線を入れたうえで、タテ・ヨコのマトリクスにおいてしか、大学論や大学教育論を語れない時代が来ているのである。そのことには、だれもが気づいているはずであるが、実際には「現代における大学とはなにか」をそれぞれの「層」に即して明確化することもできていないのが現状である。大学を論じる〝作法〟が、ある程度まで確固たるものになるには、もうしばらく時間がかかるのではなかろうか。

改革疲れと過剰な「お世話モード」を超えて

ただ、今日的な意味での「大学はなんのためにあるのか」をめぐる議論は、すぐには決着がつくような状況にはないのだとしても、「大学はだれのためにあるのか」という問いにたいする答えは、ある意味で明快であろう。

研究機関としての大学の役割を無視することはできない以上、「社会のため」という側面はたしかにある。しかし、第一義的には大学教育は「学生のため」にある。

では、この視点から見た場合、近年の「大学改革」、とりわけその少なくない部分を形成しているキャリア支援・就職支援の現状は、どう評価されるだろうか。それは、本当に学生のためになっているのだろうか。

僕自身、大学で教鞭をとり、ゼミの場などを通じて学生指導も行なっている。そして、大学教員として、いまほどは「大学改革」が喧しくない時代も経験している。その実感で言えば、近年の動きが、本当に学生のためになっているのかどうかについては、疑いなしとはしない。かなり

〝危うい〟ところがある、と睨んでいる。

もちろん、かつてと比較すれば、教員たちはずいぶんと真面目に、熱心に、授業や学生にたいする教育・指導に取り組むようになった。この部分は、明らかな「前進」である。学生からすれば、いわゆる「楽単」（楽に単位を修得できる授業）が減ったということかもしれないが、それはそれで〝学生のため〟でもある。

ただ、この十年あまり、「改革」や自己点検・評価のための会議、打ち合わせ、書類書きなどの必要性が膨大に増えてきて、大学教員の「多忙化」が進んでいること、なかには「改革疲れ」に見舞われている教員がめだってきたこともたしかである。これは、小・中・高校の現場もまったく同じ構図なのであるが、「改革」関連ワークにばかり追われて、現実に学生と接し、じっくりと向きあうことができるような時間が減ってしまっている。

いや、正確に言い直せば、学生と向きあうさいの〝遊び〟というか〝余裕〟がなくなってしまっている。つまり、授業の準備や学生が提出してきたレポート課題を添削するといったことであれば、いまどきの大学教員には、以前よりも熱心な人が増えているように思う。けれども、そこに〝遊び〟や〝余裕〟がないのだ。――その結果、どうなるのか。

端的に言いきってしまえば、手っとりばやく指導し、〝面倒を見てしまう〟のである。言うなれば、「お世話モード」。学生を突き放すとか、彼らが自分から動くのを待つといった余裕がない。すぐに指示を出して、指導に乗り出す。冷静に、立ち止まって考えてみれば、大学教育にとってもっとも肝要なのは、学生の自律性や自主性を引き出し、彼らを自分から学び、行動できる人間に育てることであろう。そう考えれば、昨今の「大学改革」が、FDにしてもキャリア支援・教育にしても、「お世話」モード全盛になっているのは、かなりまずい。結局のところ、大学の本来の教育力を質的に劣化させていると言わざるをえないのではないか。

その〝成果〟もあって、最近の学生は、本当に〝依存的〟である。全員が全員、そうであるわけではないが、依存的な、すぐにこちらに頼ってくる学生が増えている。あるいは、頼ってはこなくても、指示されたことしかやらない、自分から動こうとはしない学生が多くなってきた。

これは、もちろん大学教育だけの「責任」ではない。幼少時の家庭教育から小・中・高・大学の教育までが、子どもや若者にたいして、過剰な「お世話モード」になっていて、至れり尽くせりの手厚いケアをしていることの帰結であろう。大人や教員は、つねに先回りして、子どもや若者が「失敗」しないように保護する。どうやれば、もっとも効率的に「目標」（小・中であれば「全国学力テスト」の、高校であれば大学入試の、大学であれば就職）に到達できるのかを教示してしまう。こうした、子どもと若者の育ちと教育環境の変化（言ってしまえば、〝軟弱化〟）が、彼らから自律性や自主性を奪い、いわば「指示待ち人間」を育てているのである。

本当は、家庭から高校までの教育が、仮に「お世話モード」――別の言い方をすれば、目標をおしつけつつも、保護は与えるという意味での「パターナリズム」――になってしまっていたとしても、それを〝ひっくり返す〟のが、大学教育の役割だったのではないのか。それができないのみならず、大学にまで「お世話モード」が充溢しているのであれば、それは、大学教育のレゾンデートル（存在意義）が疑われてしまう事態でもある。

もう一度、前章から引き継いだ問いに戻ろう。現在、「学校」から「仕事の世界」への〝梯子〟が危うくなっている。その事態への対応を見すえつつ取り組まれたのが、「大学改革」であり、なかでも大学におけるキャリア支援・教育である。しかし、それは、有効な対応になっているのか。

企業の人事のかたと話をすると、十人中十人が口をそろえて言うのが、「もはや、指示待ち人間は要らない」という言葉である。それは、そうであろう。ただ、そうであるとすれば、いまどきの大学がやっていることは、〝犯罪的〟なまでに「学生のため」になっていないと言わざるをえないのだ。

終章

子どもを「理想」の犠牲者にしないために

教育論になにが必要か？

これまでの章では、道徳教育からはじめて、「ゆとり」と学力、エリート教育、キャリア教育、大学改革の問題について論じてきた。考察全体の背後にあった意図としては、これらのテーマを探究することを通じて、いったい現在の日本の教育にはなにが必要なのか、を考えてみたいというねらいがあった。

もちろん、ここでとり上げたテーマのみで、現在の日本の主要な教育問題をカバーしているなどと主張するつもりは毛頭ない。ほかにも、とり上げられてよいテーマは、多々存在している。そして、エリート教育の問題などは、僕自身はおおいに注目され、議論されるべきだと考えているが、社会全体としては、いまだ「教育問題」としてせりあがっていないテーマでもある。

ただ、序章でもふれたが、この本のねらいに則していえば、どんな教育問題をテーマとするのかは、じつはそれほど重要なことではない。なぜかといえば、この本では、「教育になにが必要か」という問いに迫るために、「教育論にはなにが必要か」から迫っていこうというアプローチを採用しているからである。

もう少し説明しよう。

「教育になにが必要か」を論じるためには、現在の日本の教育の現状と課題を認識し、困難や矛盾の解決のための手段を考える必要がある。この現状・課題認識と解決手段の考案こそが、「教育論」である。そして、この教育論こそが、じつにやっかいなのだ。

この国における世間の「教育語り」が、ときには教育関係者や専門家の語りも巻き込んで、往々にしてある種の〝落とし穴〟や〝罠〟にハマり込んでしまう危険性があることは、すでに序章で書いたとおりである。「一億総教育評論家」社会とは、そういう議論が成り立つ空間でもある。だから、「教育になにが必要か」を考えるためには、教育語りや教育論が、そうした「陥穽」にハマり込んでしまわないための細心の注意が求められるのだ。つまり、教育論になにが、どんな作法や視点のとり方が求められるのかをはっきりさせておかなくてはいけない。――これが、この本で企図したことである。同時に、「教育論になにが必要か」を通じて、「教育になにが必要か」に迫ろうとしたということの意味でもある。

もちろん、それぞれの章における論述は、厳密に研究的な意味での「言説分析」の手法に徹したわけではない。一般の読者のかたがたに読みやすい本をということを意識したので、文献の参照指示や引用などは、最低限にとどめている。ときには、直接に「教育になにが必要か」の次元に降りて、僕個人の意見を述べている箇所もある。

しかし、なんの脈絡もなく、いきなり唐突に僕自身の主張をもちだすといった愚は避けているはずである。各章の論述では、あくまでもそこでのテーマに即して、「教育論」の議論の構図や論争上の争点を明らかにし、議論のねじれを〝解剖〟するという点に、最大限に意を注いだつもりである。僕個人の意見は、あくまでサブの位置づけでしかなく、多くは議論のねじれを解きほぐすための提案として、提出されている。

ただし、こうした企図は、はたしてどこまで成功したのか。読者が、道徳教育から大学改革に至る各章のテーマを考え、読み解いていくためのヒントを提供することができたのか。この点については、読者のみなさんの判断を待つよりほかにない。

教育について論じる作法

それでは、序章で論じたような〝教育語りの落とし穴〟に陥ることなく、教育について論じていくためには、なにが必要なのか。

これまでの章で述べてきた「教育論になにが必要か」をふり返ると、それぞれに考察の対象としたテーマは違うにもかかわらず、意外にもかなり共通した、教育について論じるさいに求められる「作法」が浮かび上がってくるのではないか。裏返していえば、この「作法」を理解していれば、錯綜しているかに見える教育論の〝百花繚乱〟に直面したとしても、それぞれの主張の〝怪しさ〟を嗅ぎつけることができるし、どれが信頼に足る主張であるのかを見きわめやすくなる。

以下、こうした意味で、本来の「教育論」に求められる「作法」について、簡単に説明していこう。

① 問題の歴史性への着目

一つめは、問題の「歴史性」に注目することである。

現在の教育問題は、たしかに〝現在の〟問題なのであるが、その問題状況は、無から有が生まれるように、いまになって急に登場したわけではない。そうした問題そのものの歴史性への視点を欠いた教育論や主張は、往々にして視野の狭い、独善的なものになりやすい。

たとえば、1章でとり上げた「道徳教育」の問題は、当然、一九五八年に「道徳の時間」が特設されて以降の経緯、もっと掘り下げれば、戦前の「修身科」の問題を知らずしては理解できない。いきなり現在の懸案である「道徳の教科化」だけをとり上げて、その是非を論ずるのでは、教育論としては浅薄であると言われてもしかたがないのだ。

2章の「ゆとり教育」の問題も同様である。社会的な論議を呼んだのは、たしかに二〇〇〇年前後のことである。しかし、一九七七年の「ゆとりの時間」導入以降の学力政策の流れをきちんとふまえなければ、論争の深層を理解することはできない。

つまり、「ゆとりvs確かな学力」という表面的な対立図式に乗せられてしまい、両者がともに、子どもが「自ら思考し、判断し、表現する」力の育成をめざしているという共通基盤は見えてこない。長い歴史的経緯のなかで、「知識重視vs主体的な学び」という学力政策の〝振り子〟は、しだいに収斂する方向に向かってきたのだが、問題への歴史的視点をもてなければ、この点も理解できないのである。

② 立場性への注目

二つめには、教育を論じる者の「立場性」への着眼が必要である。K・マンハイムの知識社会学のひそみに倣っていえば、あらゆる知（教育についての主張や言説も、ここに入る）は、「存在被拘束性」を免れることはできない（マンハイム、高橋徹ほか訳『イデオロギーとユートピア』中公クラシックス、二〇〇六年、を参照）。ようするに、どんな教育論であっても、そこにはそれを主張する者の社会的立場（階層、エスニシティ、性別、世代、地域性、等々）の影響が刻印されているということだ。

教育論を論じる者でも、みずからの社会的立場による制約を自覚している者もいるが、その点にまったく無自覚な者もいる。その意味で、対立的に論争する教育論議を読み解くさいに、この視点をもっていることは、それぞれの主張の裏側や奥底にも目配りできるという点で、かなり有用である。

もちろん、教育論の立場性（存在被拘束性）という視点を手に入れることは、論争的な議論の文脈において、相手の主張の偏りを暴露するうえで、きわめて有効な「武器」になる。しかし、それは同時に、〝天に唾する〟ようなものでもあって、同じ論法は、みずからの主張にも降りかかってくることに自覚的でなくてはならない。

たとえば、5章では「大学改革」についてとり上げたが、そこでは、さまざまな仕方で大学を論じる者が、それぞれどのような社会的立場（財界、教育政策、マスコミ、等々）にある者であるのかについて、かなり意識をした。同時に、僕自身の主張を提出するさいには、みずからが大学の教員であり、自分の見方には、内部の人間としての〝偏り〟や〝自己正当化〟の論理が混じり込んでしまっていないかどうかに、細心の注意を払わざるをえなかった。

③ 傍観者的立場を避ける

いま述べたことともかかわるが、三つめは、評論家的な「傍観者的立場」は、できるだけ避ける必要があるということである。傍観者的立場とは、端的に、相手の主張にたいしては、その立場性や難点を指摘するが、みずからはなんの「対案」も出さないような議論の仕方のことだ。

もちろん、教育についての純粋な「評論」が、現在の教育問題の核心を射抜き、的確な認識を示すということはじゅうぶんにありうる。ただ、そのことの意義を認めたうえで言えば、そうした議論は、正確な現状認識を示す「教育論」ではあっても、「教育になにが必要か」、いまある教育をどう改善していくのかという意味での教育論にはなっていない。それが許されない、とまで言うつもりはないが、少々寂しくはある。

3章で「エリート教育」を扱ったさいには、東海地域の財界が主導して、全寮制の私立の海陽中等教育学校を設立したことから議論をはじめた。そして、そこに、現在のこの国のエリート養成が機能不全に陥っていることへの財界の危機意識と、そのことへの対応が遅々として進まない教育政策への不満があることを読み解いてみた。

しかし、財界が考えているのは、3章の言葉でいえば「閉鎖系のエリート教育」であり、僕自身は、それにたいしては批判的である。だが、財界の発想が〝狭い〟と批判や暴露をするだけであれば、僕はただの傍観者（評論家）になってしまう。だから、この国のエリート養成が機能不全に陥っているという認識は共有していることを示したうえで、僕自身の価値観にもとづくものであるという制約も自覚しつつ、「開放系のエリート教育」の必要性を提案した（もちろん、その提案が最善で、じゅうぶんに説得力のあるものであるかどうかは、素直に読者の判断に任せたい）。

④　教育システムの外部とのリンケージへの着目

四つめに、教育が、教育を取り巻く社会の諸システムと相互依存的にリンクしていることへの視点が必要である。

教育システムも含めて、社会システムは、おたがいがおたがいを前提としあうような諸システムの相互依存によって成立している。たとえば、教育システムは、家族システムが、子どもの養育や人間形成に〝ここまでの役割は背負う〟ということを前提として、教育システムに固有の仕方で、子どもの成長・発達の支援を行なう。逆に、家族システムのがわは、教育システムが、〝ここから先は引き受ける〟ということを前提にしている。同様の相互依存関係は、教育システムと労働市場システム、雇用システムなどのあいだでも結ばれている。

こうした関係を前提とすれば、教育問題の解決は、たんに教育システムの内部をいじるだけでは功を奏しないことが多い。関連するシステムのがわも同時に変わらなければ、期待する効果が得られないからである。効果が得られないどころか、教育の改善や「教育改革」の試みが、往々にして、当初意図していたのとは異なる矛盾や問題点、「予期せざる結果」を生み出してしまうのは、こうしたカラクリによる。

4章でとり上げた「キャリア教育」は、こうした意味で教育が、社会の諸システムとの密接な相互依存関係にあるということを意識せざるをえないテーマのひとつである。そもそも、キャリア教育の登場じたいが、高度成長期以来、長らく安定的に機能してきた「新卒採用」と「日本的雇用」という雇用システムの変容にうながされたものであった。キャリア教育についての教育論が、いくら「適応型」と「夢追い型」のあいだを揺れ動こうと、結局のところ、その帰趨を決めるさいには、雇用システムのがわの影響力が大きいのである。

やや脇に逸れるが、こうした視点から見ると、教育問題といわれているうちの少なくない諸テーマは、じつは純粋に教育システム内部の問題であるより、教育システムと社会の諸システムの〝あいだ〟や〝つなぎ〟が抱える問題や機能不全の問題であることが少なくない(ぜひ、本田由紀『社会を結びなおす——教育・仕事・家族の連携へ』岩波ブックレット、二〇一四年、を参照されたい)。

当事者としての子どもへの視点

最後の五つめについては、全体にかかわることであり、かつ、この本の主張としてもっとも根幹となるものなので、項を改める。

それは、教育の当事者としての子どものがわの立場から、それぞれの教育論の中味を吟味するという視点が必要であるということだ。

言うまでもなく、教育は、保護者や教師といった「働きかけるがわ」と、子どもや若者という「働きかけられるがわ」から成り立っている。子どもの学びや成長の自主性や主体性を無視してはならないが、しかし、働きかけを通じて、子どものがわの自主性が引き出されるという〝非対称〟な関係性は、教育の本質である。教育という営みの「構造」であるといってもよい。だから、教育論は「働きかけるがわ」の都合に左右されがちであり、論者はその危険性について、骨の髄まで自覚的であるべきなのだ。

にもかかわらず、これまでの教育論の多くは、その論理構成の途上では、「働きかけられるがわ」である子どもの視点を入れつつも、最終的な帰結としては、「働きかけるがわ」の論理を優先させてきたのではないか。つまりは、「働きかけられるがわ」である子どもを置き去りにしてきたのだ。このことは、1章から5章までを通じて、くり返し指摘してきた。

もうそろそろ、こうした「教育論の構図」そのものを反転させなくてはいけない。子どもを置き去りにして、よかれと思ってしたことが、かえって子どもたちを苦しめるといった事態を避けなくてはいけない。

そのためには、どうしたらよいのか。なにが求められるのか。

あまりに常識的な知恵なので、読者のみなさんは「なあんだ」と思われるかもしれないが、それでも強調しておきたい。——「中庸」をよしとし、「よりまし」を追求すべきである、と。

序章で述べたように、「働きかける」大人のがわに立った教育論は、ややもすると「神々の争い」という暗礁に乗り上げがちである。そうなると、子どもたちは置き去りで、いつまでも問題を抱えた教育現実の犠牲者でありつづける。

そんなことになるくらいなら、視点を子どものがわに移して、問題の抜本的な解決ではないかもしれないが、子どもたちにとっては、現状よりは「よりまし」という改善策を探究すべきである。そうした改善策は、もちろん「神々の争い」に最終的な決着をつけるようなものではない。子どものがわに立てば、この程度は〝妥協〟できるだろうというラインを探究することである。教育問題へのアプローチとしては、「革命的」ではなく、「改良的」である。抜本的な「改革」ではなく、漸進主義的な「改善」である。

だが、それでよいではないか。「神々の争い」に饗宴し、じつのところそれを楽しんでいるのは、大人たちである。その陰で、遅々として改善されない教育の現実の犠牲者に、子どもたちが供せられている。こんな事態には、早く終止符を打とう。

教育はだれのためのものなのか?——大人のがわの事情を抑え、妥協点を探りつつ、この問いに、良識的に応えるところからしか、子どものための教育論は出発しない。

あとがき

教育社会学の分野には、「教育言説の社会学」とでも呼ぶべき研究の蓄積がある。著者名や著書名を出すことは控えるが、たとえば、いじめ、不登校、ゆとり教育、心の教育、学級崩壊といったテーマについての教育言説（教育論や教育語り）を批判的に対象化して分析する――つまりは、論者や語り手の社会的立場、時々の政治・経済・社会状況などに照らして、それぞれの言説の「ゆがみ」や「制約」を明るみに出すといった研究である。もっと簡単に言ってしまえば、各々の教育言説の「立場性」を暴露するということになるだろうか。

僕は、丸ごとではないけれど身体半分くらい、こうした教育言説研究の手法に惹かれてきた。学部や大学院のときの僕の専門は、教育社会学ではなくて、じつは教育哲学だったのだけれども。「概念史」のような研究には馴染んでいたということもあるし、なにより修士論文では、終章でも紹介したK・マンハイムを研究対象に選んだということもある。

こうした研究者としての出自に照らせば、自分でいうのもヘンだが、僕が「教育言説の社会学」的研究に惹かれてきた理由は、それなりに理解できる。しかし、先にも書いたように、その惹かれ方は「身体半分くらい」であって、「丸ごと」ではない。それは、なぜだったのか。

おそらく僕のなかには、教育論や教育語りの背後にある語り手の「立場性」を明るみに出し、教育言説の「布置状況」を分析・整理するという作業はきわめて重要ではあるけれども、そこで終わっていいのかという思いが、どうしても残るからなのだろう。つまり、暴露・分析・整理のあとには、「では、どうすればよいのか」を論じたくなってしまうのだ。

教育社会学は、まちがいなく事実学（実証科学）であるが、教育哲学は、やはり規範学（理想やあるべき姿を求める学）なのである。もちろん、教育哲学は、実証研究の成果をきちんとふまえなくてはいけないし、それこそみずからが依って立つ「立場性」についてじゅうぶんに自覚的でなくてはならないのであるが（くり返すが、序章で書いたように、「理想」は容易に「神々の争い」を呼び起こしてしまう。だから、みずからの立論の前提には、つねに意識的で、内省的でなくてはならない）。

考えてみれば、かのマンハイムも、第二次大戦下にイギリスに亡命して以降は、「第三の道」として漸進的な社会改革をめざす社会計画論の提唱者へと転身していたのだった。つまり、規範学へと踏み込んでいた。やはり、「血」は争えないのか？

なぜ、こんなことを書き連ねたのかといえば、この本の内容と書き方には、いままさに述べたような僕の研究上のスタンスやポジション取りの特徴が、色濃く反映していると思うからである。本書の内容を注意深く読んでいただければ、おそらく気づかれると思うのだが、各章の論述は、それぞれのテーマに関するこれまでの議論を整理し、分析するという作業に注力を傾けつつも、その地点にとどまって終わってはいない。整理・分析をふまえたうえでの、僕なりの「提案」や

「意見」も書き込んでいる。

そしてもちろん、教育言説の整理・分析という作業も、純粋に「客観的」で「中立的」であるなどということはない。どういう観点で、なにを軸にして整理・分析するかという設定じたいに、すでに著者の立場が入り込んでいるからである(この点については、「実証科学」を標榜する研究でも、事情はいっさい変わらない)。

読者のみなさんには、注意していただきたい。この本がめざしたのは、「客観性」や「ニュートラルな立場」を装って読者を欺き、僕自身の意見のほうへと誘導することではない。各章でとり上げたテーマについて、読者のみなさんが、みずからの頭で考えていくための「地図」を描くことが、この本のねらいである。そして、その地図には、ガイドとして僕の「提案」も書き込まれている。

だから、疑問をもたれたり、批判や反論をもたれたりすることは、大歓迎である。できれば、その内容をフィードバックしていただければ、なによりも嬉しい。ネット上を検索すると、僕のメールアドレスは簡単に発見できるし(面倒をおかけするので、書いておくけれど。komikawa@hosei.ac.jp)、フェイスブックやツイッターなどもやっているので、見つけていただければ幸いである。少なくとも社会現象にかかわる「真理」は、だれかが発見して、それで決着がつくものではなく、誠実な対話(ダイアローグ)を重ねながら、漸進的に近づいていくものであるのだから。

この本の企画は、太郎次郎社エディタスの尹良浩くんに声をかけてもらったことに端を発している。「くん」などと、つい偉そうに書いてしまったが、じつは、彼は僕のゼミの卒業生である。しかも、十二年前、勤務先の大学にキャリアデザイン学部が創設され、僕がそこに移籍したあとに初めて受け持ったゼミの初代のメンバーである。当然、あの「冒険的」すぎる学部に飛び込んできた一期生でもある。

企画およびその練り直し、原稿の催促、内容のチェック、図表やデータの整序、校正に至るまで、尹くんには本当にお世話になった。記して、感謝したい。作業を進めていくプロセスでは、多少とも〝気恥ずかしく〟感じるところもあったが、まさか自分のゼミの卒業生と、こんなふうにいっしょに仕事ができるとは夢にも思っていなかったので、なんとか刊行まで漕ぎ着けることができて、感無量である。おかげさまで、最近の僕が書く原稿は、圧倒的に「キャリア教育」関係に偏っていたのだが、この本では（4章を除いて）、新たな領域に踏み出すこともできた。

最後になってしまうが、出版事情の厳しき折、このような機会を与えていただいた太郎次郎社エディタスにも心から感謝したい。

二〇一五年四月

新学期、学生でにぎわう市ヶ谷キャンパスにて

児美川孝一郎

著者紹介

児美川孝一郎

（こみかわ・こういちろう）


1963年生。法政大学キャリアデザイン学部教授。法政大学文学部教育学科専任講師、助教授、キャリアデザイン学部助教授を経て現職。専門は教育学。

法政大学大学評価室長、日本教育学会理事、日本キャリアデザイン学会副会長。

著書に、『キャリア教育のウソ』（ちくまプリマー新書）、『「親活」の非ススメ——"親というキャリア"の危うさ』（徳間書店）、『若者はなぜ「就職」できなくなったのか——生き抜くために知っておくべきこと』（日本図書センター）など、編著に『これが論点！就職問題』（日本図書センター）、共著に『キャリアデザイン学への招待—— 研究と教育実践』（ナカニシヤ出版）など多数。

まず
教育論から
変えよう

5つの論争にみる、教育語りの落とし穴

2015年5月14日　初版印刷
2017年3月7日　二刷発行

▷著者………………児美川孝一郎

▷装幀………………臼井新太郎
▷発行者……………北山理子
▷発行所……………株式会社 太郎次郎社エディタス
東京都文京区本郷3-4-3-8F　〒113-0033
電話 03(3815)0605　FAX 03(3815)0698
http://www.tarojiro.co.jp/
電子メール tarojiro@tarojiro.co.jp
▷印刷・製本…………シナノ書籍印刷
▷定価………………カバーに表示してあります

ISBN978-4-8118-0781-2 C0037